愛されOLの
1週間おシゴト術

西出博子

総合法令

はじめに

　あなたに幸せになってほしい。私は、ただその一心で一文字、一文字、心をこめてキーボードを打ちました。それが本書です。

　私からあなたへお願いです。本書に書いてあることをすべてとは言いません。毎日ひとつずつでも、あなたのデキルことから、あなたの好きなことから、実践してほしいのです。

　すると必ず、**幸せが微笑んでくれます**。必ずあなたは幸せになれます。もしかすると、今本書を手にとったこの瞬間から、あなたは、「あなたの本当の幸せと出逢えるチケット」を手に入れたのかも!?　さぁ、幸せになる答え探しの1週間の旅に、私と一緒にまいりましょう。

　出発前にひとこと……。あなたとの1週間の旅をアレンジして下さった、総合法令出版社の金子尚美さん、熊切絵理さん、そして、この旅を提案して下さった川上聡さんに、心より御礼申し上げます。ありがとうございます。それでは、あなたと「愛されるOLの旅」に出発です！

桜色の季節 東京の自宅にて

はじめに 1

愛され OL の 5 原則 8

💗月曜日　週のはじめは「オフィスマナー」美人！

週明け印象度は「内面の感情」でキマル！　　10
オシャレの基準　　12
オフィスでの愛されメイク術　　14
自分もハッピー、他人もハッピーな装いを　　16
愛され OL ファッション①　　18
愛され OL ファッション②　　20
感動が生まれる「あいさつの魔法」　　22
朝礼であなたの魅力をアピール　　24
表情美人が幸運をつかむ！　　26
愛されしぐさの効用　　28
オフィスマナー美人の言葉遣い　　30
オフィスの愛され敬語　　32
時間を有効に使うテクニック　　36
シゴトをテキパキこなせる時間術！　①　　38
シゴトをテキパキこなせる時間術！　②　　40

　　🌹月曜日の After 5
　　落ちこみを癒す、花と香りの魔法のレシピ　　42

火曜日　気合を入れよう！　オフィスのシゴト術

シゴトの「ポパイ」？　46
賢くホウレンソウを使いましょう！　48
他部署の人がファンになる！　電話美人になりましょう　51
コピーの技術で差をつける！　54
デスクはあなたの"魅せ場"です　57
会議は人間性がでます　60
会議の聞くマナー・発言マナー　62
来客応対からシンデレラストーリーへ　64
シンデレラの"魅られる"応対①　受付編　66
シンデレラの"魅られる"応対②　ご案内編　68
シンデレラの"魅られる"応対③　応接へのご案内編　72
"魅られる"お茶出し①　76
"魅られる"お茶出し②　78
「また、来たい！」と思わせる、お見送り　80
後片付けでシンデレラ誕生！　82
ミスをした時、どうする？　84
ゆきちゃんの"叱られ上手術"①　87
ゆきちゃんの"叱られ上手術"②　90

　　火曜日のAfter5
　　興味がある習い事は積極的に！　92

💗 水曜日　知的な「ビジネス文書」で差をつけよう

E-mail・文書の"魅せワザ"　96
「感動文書ファイル」で心を学ぶ　98
読む人の立場にたっていますか？　100
文章も「マナコミ言葉」でうまくいく　102
こんな NG メールを出していませんか？　106
好感度大！　社外メールの書き方　108
シゴトがデキル人の社内メール　114
上手に E-mail を使いこなしましょう！　118
知っておきたい FAX マナー　120

　　💗 水曜日の After5
　　講演会は内面を輝かせるサプリメント
　　〜愛され OL・愛子さんの例　122

💗 木曜日　実力発揮！　取引先とのシゴト術

お客様からの電話、どう思う？　126
初心を忘れない電話応対がツキを呼ぶ　128
クレームには"水色の声"で対応　131
電話応対は営業時間です　134
取引先への電話のかけ方　137

電話の取次ぎで社外にも社内にも愛される　139
美しい名刺の扱い方　142
ちょっとしたお出かけ時の注意点　144
お客様への訪問マナー　〜個人宅・個人事務所の場合　146
お客様への訪問マナー　〜会社の場合　149
訪問・商談中の御法度！　152
出張先でも愛されOL！　154

　木曜日のAfter 5
　読書でひとりの時間を充実させる　158

金曜日　週末はシゴト関係のお付き合いも活発に

よいコミュニケーションのポイントは「愛される」こと　162
上司・先輩に愛される人の言葉　164
苦手な上司・先輩、どうやって付き合う？　167
部下・後輩ともよい関係を　170
会社を休む時のマナー　173
職場の飲み会　176
「シンポジア」のワザで職場の飲み会が変わる！　178
接待に下心は禁物です　181
接待する時の魅せワザ　183
あなたが接待される時のマナー　186
シゴト関係者との恋愛　189
季節の行事のちょっとしたテクニック　192

　金曜日のAfter 5
　異業種交流会へ　194

♥土曜日　お休みの日だって、愛されOLの本領発揮！

友人とオシャレなレストランでランチ　198
週に一度の習いごと　200
トキメキ・デート　201
ウイークエンドドライブ　203
彼の家にあいさつに　206
結婚式・披露宴の招待状が届いたら　208
結婚式・披露宴での魅せワザ　209
突然の訃報を受けたら　212
お通夜・葬儀参列で　214

♥日曜日　輝く明日の私のために充電

強運を招く掃除をしましょう　218
お散歩で日々のストレス解消　222
図書館・美術館めぐりで感性を磨く　224
公園でハッピーイメージを想い描く　226
映画はあなたに必要なメッセージを運んでくれる　228
お香をたきながら手紙を書く　230
内面と外面の集中美容ケア　232

ゆっくり自分と向き合いましょう　234
新たな一週間にむけて　236

おわりに　238

装丁：高瀬 はるか
装丁・本文イラスト（人物）：香織
本文イラスト：八木 美枝（SHD）

愛されOLの5原則

1. みんなが笑顔になる「微笑み表情」を心がける

2. 「みんなに喜んでいただけるシゴトをします」
   という宣言を「態度」で表現

3. 「挨拶」の意味をふまえた「真のあいさつとお辞儀」

4. オフィス、シゴトにふさわしい「身だしなみ」の確認

5. オフィス、シゴトにふさわしい
   「言葉遣いや会話」の仕方

月曜日

週のはじめは「オフィスマナー」美人！

週明け印象度は「内面の感情」でキマル！

　今日から新しい1週間の始まりです。週末は気持ちに余裕があったけど、日曜日の夕方頃から、何となく今日からの1週間のことを考えたらニコニコなんてしていられない。「止まって！」と、どんなに心の中で叫んでも時間は刻一刻と進むもの。そして気が付いたら、今日が訪れていました。

　朝起きると、昨夜眠れないから少しだけ飲んだお酒のせいで顔はむくみ、目もほんの少し腫れ気味。これではいかにも"週末不摂生していましたモード"がバレバレです。「イカン！イカン！」と自分に言い聞かせる私。

　こんな時、私は冷たい水で顔を洗い、"自分自身でほっぺたを一発！"すると、よんでいた瞳がパッと明るくなり気合いの入ったちょっとイケテルOL顔に。

　すると「よしっ！　今週もがんばろう！」と鏡に向かって握りこぶしを垂直に挙げて微笑んでいる私がいます。

　ルンルン気分で家を出発。駅に向かって歩いている人。一緒に電車に乗っている人。会社近くの駅で降りる人。会社に向

かって歩く人。

　みんなを見ているとなんだかつまんなそう。

「週明けなのだから、もっとみんな明るい表情をすればいいのに。ん？　でも私は、人からどんな風に見られているのだろう？」

　こんなことを今まで考えたこともなかったけれど、"つまんなそう"と思われるよりは、"いい感じ！"と思われたい。

今のあなたは、人からどんな風に見られていると思いますか？

　自分ではどんなに「私はOK！」と思っていても、評価は他人がするものです。

　だからこそ、私たちは目線を「自分中心から相手中心に」移して物事に取り組みましょう。これによって、人からの評価が高くなるのです。

★ Ifの裏ワザ　週明け第一印象アップ編

「もしも、職場に憧れの人がいるとしたら……」。会えない週末よりも「今日から１週間また会える！」と思えば、あなたは自然と輝きオーラを発しながら出勤していることでしょう。

オシャレの基準

「私はどうして今日も満員電車にのって会社に向かっているのかしら？」

毎日毎日、同じ時間の満員電車内でこんなことを考えながら出勤することもしばしば。

ところで、満員電車の中ではいろんなドラマが、あちらこちらで気づかないうちに**「あなたが主人公となって」くり広がっていることを、あなたはご存知ですか？**

ある日の車両。あなたの後ろに立っている人の顔にあなたの髪の毛がへばりついています！　また、あなたの前に立っている人のスーツの背中にあなたの口紅が！　幾度となくこのようなシーンを目にした私は、長い髪の毛はアップにしてまとめ、口紅は会社最寄りの駅に着いて駅のトイレでつけるようにすることにしました。

流行やオシャレを職場でも身につけたい気持ちはよくわかります。でも私たちは何をするために今日も職場に行くのでしょうか？　目的は明確です。それは"シゴト"。

シゴトを漢字で書いてみると「仕事」＝「事に仕える」と書きます。私たちは事に仕えることによって、お給料や派遣社員料、アルバイト料などをもらっているのです。愛されるOLになるためには、この自分に対する"対価の意味"を忘れてはなりません。そのためには、あなたがまず**一社会人として公共の場で、他人に迷惑をかけない行動をとること**。この気持ちが職場でも自然と愛され行動として表現されることでしょう。

　ある会社で、社長命令で、「誰の椅子の下が一番汚れているか」を教えてくれるように清掃員の方にお願いしたそうです。

　汚れの基準は、髪の毛だったそうです。そして、どんなに営業で売上げをあげていても、その他、そつなく実務をこなす女性であっても、会社の床を汚す原因をつくる人のことをその経営者は評価をしなかったそうです。

　理由は、このような人は他社を訪問した時に、他社を汚す可能性があると判断したからです。仕事をするために職場に向かう私たちは、まず第一に「清潔感」を人に感じさせる髪型とメイクを心がけましょう。**「あの人は素敵だ」と評価をするのは、ビジネスシーンもプライベートシーンでも"他人"であること**をお忘れなく。

月曜日　週のはじめは「オフィスマナー」美人！＊

オフィスでの愛されメイク術

　シゴト中はナチュラルメイクで、あなたの魅力を倍増させましょう。メイクの美しさは、素肌の美しさが一番。朝晩のクレンジングとスキンケアを念入りに。

★ HIROKO流 シンプルメイクのコツ

【ファンデーション】
　リキッドファンデーションを薄く肌においていく感じで、丁寧に優しくつけていきます。そばかすやシミを無理矢理隠そうとするのではなく、そばかすやシミと同化する色のファンデーションをチョイスして、ナチュラルさを演出します。

【パウダー】
　2色のパウダーを混ぜて優しく肌の上に押さえるようにつけていきます。このパウダーのおかげで肌色が白く見えます。

【アイシャドー】
　基本的につけません（20代前半の頃、調子にのってつけて

いたら、まぶたが色素沈着し、パンダみたいになってしまいました！　以来アイシャドーはパーティに参加する時など、特別な日にしかつけないようにしています)。　アイシャドーをつけたい人は、自分の肌色とシゴトの職種にマッチする色を薄く塗るようにしましょう。

【マスカラ】

　まつげをビューラーなどでカールさせ、目力はマスカラを使用します。シゴトマスカラの基本は、ブラックで。栄養が入っている品質のマスカラを使用し、トリートメントと目力演出も同時に行います。

【リップスティック】

　最低２本のリップスティックで自分の肌色や雰囲気、その日の装いに合った"自分色"を作ります。ちょっと濃いめの色になった時は、少しパールが入ったベージュのもので色を抑えます。

【ネイル】

　長過ぎず、深爪しすぎず、女性らしさを感じさせる長さを保ち、爪が輝くように見える**無色のマニュキュア**や、**透明な赤やピンクのマニュキュア**を塗るとオフィスでのあなたの輝きは一層ますでしょう。

自分もハッピー、他人もハッピーな装いを

　どんな装いが好感をもってもらえるのでしょうか？　前述のとおり、あなたを「ステキ！」と評価をしてくれるのはあなた以外の人、すなわち"他人"です。従って、オフィスでの装いも他人の目、相手の立場にたって自分自身をチェックしてみましょう。

　とはいっても、モチベーションをアップさせるには、自分の好みの服装を着て、気分を高めることも大切です。**愛されOLは自分もハッピー、他人もハッピーとなる装いをします。**

　オフィスでの装い3原則は「**清潔感**」「**機能性**」「**上品さ**」。この3つをおさえていれば、あなたはますます愛される存在になることでしょう。

　私は22歳の時に、お気にいりの真っ赤な幅の広いベルトをしてビジネスシーンに出向いたところ、大勢の人前で上司に叱られました。慌ててトイレに駆け込みベルトを外したのですが、現場に戻る時は大変嫌な気分でそのまま逃げ帰りたいと思ったほどでした。それからというもの、二度とこんな思いをしたく

ないと心に誓い、人から受け入れていただける装いをするように心がけました。

★オフィスでのNGファッション

　膝上のちょっとショート丈のスカートは、男性は喜ぶかもしれませんが、女性の先輩からの評価はどうでしょうか。
　また最近はヒップハングのパンツスーツが流行し、大変かっこよいのですが、上着を脱いでいる時、知らぬ間に腰からショーツやストッキングの腰ゴムが見えていることも！　知らないところであなたが好奇の目で見られたり、目のやり場に困ったりする人がいることをお忘れなく。
　制服があるから、通勤服は自分の好きなオシャレをしていても構わないと思うのはNGです。シゴトは家を一歩外にでた時点からスタートしています。従って通勤中も帰宅中もシゴト時間であるという意識をもって、いつ・どこで・誰に見られても所属している会社をイメージアップさせる素敵なあなたでいましょう。あなたが正社員でも派遣社員でもアルバイトでも、人には関係ありません。あなたの印象はイコール会社の印象に直結するのです。

愛されOLファッション①

★デザイン美より、機能美がシゴト場ではキレイ

【バッグ】
　通勤用のバッグは、どこのブランドかわからないバッグがおススメ。もしも高級ブランドのバッグだとしても、ロゴなどが表から見えない配慮あるバッグを選びましょう。色は、黒系と茶系の2種類を。スリなどに遭わないためにも、ファスナーや蓋がついているものを選びましょう。

【靴】
　歩きやすく履きやすい靴で、色はバッグに合わせて黒系と茶系を。ヒールは職種にもよると思いますが、3センチから5センチヒールが機能的。

【ストッキング】
　ナチュラルな色で、柄などが入っていないスタンダードなものを着用します。黒やアミタイツなど、色がついているものや

デザイン性の高いものはシゴト用ストッキングとしては NG。

★アクセサリーは控えめが愛される

【イヤリングやピアス】
　小さく控えめなものであれば GOOD。会社によってはピアスを禁じている会社もあるので、ピアスをあける時は将来の就職や転職のことも考えて。
【ネックレス】
　小さく控えめなものは人に清楚な印象を与えます。
【時計】
　シゴトの道具として大切なアイテムです。事務系の人はカジュアルな印象を与えないものを、スポーツ店などの店頭で勤務している人は、その装いにマッチするカジュアルな時計でも OK。
【指輪】
　片手に 2 つ以上はつけないように。
【ブレスレット】
　シゴト中は控えるのが無難。デスクワークなどで妨げになる可能性が大。

愛され OL ファッション②

★愛され OL は「人の役に立つシーン」を想定して小物を携帯

【ハンカチ】

　愛され OL はハンカチを 3 枚常備します。1 枚は自分用の機能的なタオル地のハンカチ。2 枚目は食事時などで活躍する少し大きめのハンカチ。3 枚目はきちんとアイロンがかかって清潔なハンカチ。これは、とっさのシーンで人に差し出すためのものです。

【名刺入れ】

　2 つを携帯します。ひとつは、自分の名刺を入れて緊急事態用にいつもバッグに入れておきます。もうひとつは常に使用する名刺入れです。予備の名刺入れをバッグに常備することによって、うっかり忘れた時も、バッグから予備の名刺入れを出して対応できます。この場合、名刺の補充と予備の名刺入れを元のバッグに戻すことをお忘れなく。

【スケジュール手帳・筆記用具】

　スケジュール手帳は、メモ用紙付きのカレンダー手帳が便利です。また、付箋紙は大中小と用意し、手帳と共に携帯します。黒、赤、青の３色ボールペンと、シャープペンシル。薄墨と濃墨が１本になっている筆ペン。蛍光ペン。ホッチキス。定規、カッター、クリップが入っている筆入れを携帯しましょう。

感動が生まれる「あいさつの魔法」

　イギリスのオックスフォードで生活していた31歳の頃。私は、朝バスにのって街の中心地にある語学学校に通っていました。バスを待っている時間、寒い冬でも気持ちよい夏でも、行列の最後尾に並ぶ私に、前に並んでいる人は振り返って必ず微笑みながら"Good Morning！"とあいさつをしてくれていました。

　前に並んでいる人はもちろん、毎回違う人ですし、知人ではありません。初めて会う人からの「おはようございます」。この微笑みとひと言のあいさつによって、私は毎日軽快な気分で学校へ通えたことを決して忘れることはありません。

　日本では見知らぬ人にあいさつを行うことは、ちょっとハズカシイと思ってしまいます。また、変な人と思われることもあるので難しい時もあります。

　例えば、私が行い続けていることは、バスに乗る時は運転手さんへ「おはようございます」。降りる時は「ありがとうございました」。エレベーターや電車に乗る時、前に誰かがいれば

軽く会釈をして乗降すること。電車やバス、飛行機などの公共の場所で椅子に座る時も会釈をして座ります。オフィスでは、警備員の人、清掃の人、スタッフ、上司・先輩など、また訪問先でも警備員の人や受付の人、すれ違う人などに、相手よりも先に自分から微笑んであいさつをすること。

　これらを毎日行い続けました。すると、いつの頃からか、相手から先にあいさつをされることが多くなりました。人からあいさつをしてもらうとうれしいものです。

　また相手に対する印象もアップするため、そこにはお互いが**ハッピーになる「あいさつマジック」で感動が生まれます**。自分から行えば行い返していただける。あいさつ環境は伝染し、ブーメラン効果を発揮するものだと実感した瞬間です。

朝礼であなたの魅力をアピール

　職場によっては毎日朝礼がある人も、一週間に一度の人も、まったくない人もいらっしゃることでしょう。毎日朝礼を行っているオフィスでは、なんとなく「形式」だけの「ナァナァ朝礼」が当たり前のようになっているかもしれませんね。
　しかし、この朝礼でぜひとも**マナーの５つの基本原則**をオフィスのみなさんで共有してみましょう。

①みんなが笑顔になる「微笑み表情」を心がける
②今週も「みんなに喜んでいただけるシゴトをします宣言」を「態度」で表現
③「挨拶」の意味をふまえた「真のあいさつとお辞儀」
④オフィス、シゴトにふさわしい「身だしなみ」の確認
⑤オフィス、シゴトにふさわしい「言葉遣いや会話」の仕方

　この朝礼でオフィス全体の社員・スタッフのみんなの統一を確認し、個々のモチベーションをアップし、それをオフィス全

体のモチベーションアップへ繋げていきましょう。

★朝礼で広める「美しいお辞儀の仕方」

目礼
会釈……上体の傾き15度
敬礼……上体の傾き30度
最敬礼……上体の傾き45度

　ただし、あなたの気持ち分、上体を前に傾けましょう。したがって私はいつも90度の"HIROKO礼"のお辞儀を心がけています。

表情美人が幸運をつかむ！

　美人の定義は顔？！　いえいえ、そんなことはありません。美人は文字のごとく「美しい人」のこと。だから「何が」美しいのかによって、美人はありとあらゆるところに存在しています。

　私は仕事柄、経営者や企業の人事部の方々と接することが多いです。そこで、「どのような人材が"人財"として評価されていますか？」と質問をすると、男女問わず、「**表情美人ですね**」と口を揃えておっしゃいます。**表情美人の人は、みんなに愛されてシゴトもデキル**と評価されています。

　さて、この表情美人とはどういう人かというと、内面＝性格がいい人をさしています。シゴト中ミスをして叱られた時、その後、ふてくされたり、納得のいかない表情をしたりして無言でその場を立ち去ったとしたら、注意をした人はどのような気分になるでしょうか。

　女子マラソンや、女子バレー、女子フィギアスケート、女子ゴルフなどなど、スポーツ界で活躍なさっている方々をテレビ

で拝見して思うことは、優勝する選手はミスをしても成功しても笑顔。ミスをしてそのマイナスな感情と現象を引きずっていては、その後、また同じミスを繰り返すようです。

　さぁ、今すぐあなたの表情を鏡に向かってチェックしてみましょう。表情とは、人の感情が表に現れでた様子のこと。**あなたの瞳が微笑んでいれば、あなたの心も微笑んでいると他人はあなたをプラスに評価します。**

　シゴトは心に余裕のある人にお願いした方が、ミスがないだろうと判断するのは経営者・上司・先輩・クライアントの立場としては当然のこと。人から安心してシゴトを任せられるあなたでいてください。また、あなたの笑顔で癒されモチベーションアップをする人もいます。オフィスであなたの笑顔を輝かせ続け、今週も"笑顔花束"をオフィスに飾りましょう。

★ Keep Smile Lesson

　鏡の前に立ち、目から下を隠し、瞳が微笑むようにレッスンしましょう。上手くいかない時は、あなたの「好きな人」「好きな食べ物」「好きな俳優」など、自分が好きなことを考えてみましょう。ほら、自然と笑顔になっているはず。

愛されしぐさの効用

オフィスで愛される女性の条件を、先日私のクライアント5社を対象に約1,000名の人にアンケートにご協力いただきました。**第1位は「マナーを身につけている人」**という回答でした。

さて、このマナーとは一体なんなのでしょうか。21歳でマナー講師を目指した私は約20年間マナーの研究をしています。この20年間、常に現場で様々なシーンに遭遇して確立された私のマナー論は、ひと言では言いきれないマナーの定義があります。

その中に、マナーとは**「相手の立場にたって物事を考え行動・発言をすること」**という項目があるのですが、愛される条件のトップはまさにこのマナーを指しています。

忙しい日々の中で、個人も会社も他人からの忠告に耳をかさず、自己中心的な風潮が漂う中、視点を相手の目線から見る余裕を私たちはいつの間にか忘れてしまっているような気がします。

愛されOLは微笑んだ表情で座っている時も、歩いている時

も背筋を伸ばしています。書類は指をそろえて両手で持ち、両手で人に渡します。自分より目線の低い方と話をする時は、屈んで目線を同じ位置にして会話をします。廊下で人とすれ違う時は、笑顔で会釈をし、常に相手も自分もスムーズな人間関係を築ける行動をします。

　これらはあなたの気持ちがしぐさ・態度・行動で表現されるもの。相手を思いやる気持ちが相手の心を豊かにし、相手が喜んでくれたらあなたもうれしく笑顔になります。

　さらに結果的にオフィス全体にプラスのエネルギーが循環し、そこには関係する人みんながハッピーになる「サークル WIN」現象が巻き起こるのです。さぁ、あなたのシゴトに対する想いを「オフィスしぐさ」で表現しましょう。

オフィスマナー美人の言葉遣い

　オフィス内での言葉遣いは、人それぞれ、職場の環境によって異ならざるを得ない場合があります。しかし本来、社会人である私たちは「美しい敬語」を用いて会話をしたいものです。
「敬語はなんだか難しいし、堅苦しい感じがするから嫌だわ」
「敬語を使わなくても言いたいことは伝わるし、シゴトが進めばそれで問題ないと思います」
　敬語に対する考え方はいろいろとあると思いますが、**敬語とは相手を敬う気持ちを言葉で表現するもの**であり、難しいものでも堅苦しいものでもありません。もちろん、敬語を使うことによって相手との多少の距離感を感じることもあるかもしれません。それを好まない上司の元で働いている場合は、職場内の敬語でのコミュニケーションについて一度話し合ってみましょう。
　ここで、仮にシゴトを円滑に進めていくには、くだけた言葉遣いの方がシゴトをしやすいという結論になったとしても、対、職場以外の方にはそうはいきません。なぜならば、言葉遣いも

あなた自身や会社全体の評価対象となるからです。

　くだけた言葉を使ってもよいのは、美しい敬語を完璧に使いこなせる人がその場の緊張した雰囲気を和らげるために行う行為です。相手に受け入れていただき、信頼関係を築き、シゴトをスムーズに運ぶには何事にも"順序"や"筋道"が重要です。日本語には日本語の美しい言い回し、英語には英語の美しい言い回しがあります。日本語を使える私たちは、若い時からぜひ日本語を美しく表現していきたいものです。

　私は日本語を母国語としない方々に、ビジネスマナーを伝える機会があるのですが、彼らと接していつも感心することは、日本人以上に日本の敬語をマスターしていることです。

　また、海外生活の長い日本人の方々と接する機会も多いのですが、彼らが日本に帰国する際に何を一番勉強するかというと「敬語」なんです。

　そして彼らが口をそろえていうことは、**「日本の敬語を美しく話したり、書いたりする人がいたら一瞬にして恋に落ちちゃう！」**。同じ日本人からみても、日本語は知性や教養を感じさせる美しい言語なのです。

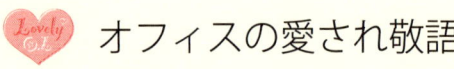 オフィスの愛され敬語

★知的さを感じさせます！

今日(きょう)	→	本日(ほんじつ)
明日(あした)	→	明日(みょうにち・あす)
昨日(きのう)	→	昨日(さくじつ)
去年(きょねん)	→	昨年(さくねん)
おととし	→	一昨年(いっさくねん)

★稚拙な言い回しはもう卒業！　デキルOL言葉で

すごく・すっごく	→	大変　とても
あとで	→	後ほど(のちほど)
さっき	→	先ほど(さきほど)
やっぱり	→	やはり
こっち・これ・ここ	→	こちら

あっち・あれ・あそこ	→	あちら
どっち・どれ・どこ	→	どちら
そっち・それ・そこ	→	そちら
ちょっと	→	少々

★ 尊敬語や謙譲語をつかって
　相手を敬う気持ちを表現しましょう！

ちょっと時間いいですか？	→	今、お時間よろしいですか？
すぐにします	→	早速とりかかります
わかりました	→	かしこまりました
ご注文をやります	→	ご注文をうけたまわります
一緒にシゴトをしたいです	→	シゴトをお手伝いさせていただければ幸いです
一緒に行きます	→	お供させていただきたいと存じますがよろしいですか
ご飯は食べてきました	→	食事は済ませてまいりました
どうぞ食べてください	→	どうぞ召し上がってください
います	→	おります

※目上の人に「ご一緒にいかがですか」というのはNG。例えば、「先輩もランチご一緒にどうですか？」これだと相手と自分が同等であるという意になるので尊敬語を用いるシーンで「ご一緒」は使用しないこと

★ビジネス言葉の定番もしっかりマスター！

部長を知っています	→	部長を存じ上げております
あなたの会社を知っています	→	御社を存じております
私の会社	→	弊社・わたしくども
私・僕・俺	→	わたくし
ぼくら・うちら	→	わたくしども
あなたの会社	→	御社・貴社

★「か抜き言葉」は横柄な印象を与えるので要注意！

〜してもいい？	→	〜しても宜しいでしょうか？
〜ですよね	→	〜でいらっしゃいますか？
どうでしょう？・どうです？	→	いかがでしょうか？

★ NG 敬語例

「去年はすごくお世話になりました。あとで、うちの会社の上司と御社にあいさつに行こうと思います。ご都合はどうでしょう。1時頃行ってもいいですか。そっちの会社の社長をうちの佐藤部長は知っているそうです。できれば、あなたの社長さんにも会いたいですね。どうでしょう？　昼食は食べて行きますので結構ですが、ごあいさつ終了後、夕食をご一緒しませんか」

★ OK 敬語例

「昨年は大変お世話になりました。後ほど、弊社の上司と御社にごあいさつに伺いたいと存じます。ご都合はいかがでしょうか。13時頃、伺ってもよろしいですか。御社の社長を弊社の佐藤は存じ上げているようです。できましたら、御社の社長にもお目にかからせていただければ幸いです。いかがでしょうか。昼食は済ませてまいりますので、おかまいのないようにお願い申し上げます。なお、もしよろしければ、あいさつ終了後、夕食を共にいただけると幸いに存じます」

💗 時間を有効に使うテクニック

　時間に余裕がある時は、シゴトも丁寧に、じっくり行うことができますが、現実は時間に追われながら限られた時間の中で私たちはシゴトをこなしていく必要があります。そこで少しでも時間を有効に活用するために私が行っていることをお伝えしましょう。

★朝の時間管理術

　私は32歳になるまで、ロングヘアでした。シゴトに行く時はアップにしてまとめます。しかし、時には上手にまとまらない日も……。すると気分が優れません。そこで再度やり直し……。こういう日は、何度やってもダメなんですね。そして気が付けばもう家をでる時間に！

　その長い髪をバッサリと現在のショートカットに。以来、気持ちがすっきりして、朝の支度にかける時間は15分間短縮されました。朝の15分がどれほど大きな価値があるかはみなさ

んもおわかりでしょう。この15分のおかげで、会社に着いて大好きなカフェオレを飲みながら、新聞に目をとおす時間ができました。

また12ページで紹介したとおり、満員電車では口紅をつけないようにしていたため、目的地の駅の洗面所で口紅をつけるのでこの時間を確保するために、それまでの電車より2本早い時間の電車に乗るようにしました。すると、それまでに比べて10分早く会社に到着できます。

このトータル25分早く会社に行くことにより、会社の前の道を清掃してくれる人、受付やビル内を清掃して下さる人々の姿をみることができました。警備員さんはもちろんすでに立っています。「私と同じくみんなシゴトをするために朝早くから出勤して活動をしているんだな」と思うと、同じシゴト人同士として仲間意識が芽生えます。

だからあいさつも心をこめて「先手必笑」™で行うことができるし、トラブルが発生したら日頃のよいコミュニケーションにより、互いに助け合うこともできます。

シゴトをテキパキこなせる時間術！ ①

　愛されOLは、シゴトを優雅にエレガントにこなしていきたいもの。従って、ドタバタと眉間にしわを寄せて、髪の毛を振り乱し忙しく作業をする姿や、毎日のように遅くまで残業をする姿は、他の人にもその焦りや緊迫感が伝染してしまいオフィス全体の環境に悪影響を及ぼします。同時に、自分自身にも余裕がなくなるため、相手の立場にたって物事を考えることができなくなります。その結果、自己中心的にならざるを得ない状況に陥るのです。

　このようにならないため、そしてアフター5に自分の時間をもつためにも、シゴトは貯め込まず、サッサ、ホイ！と進めていきましょう。

　これなら勤務時間中は、プライベートのためにインターネットで情報を調べたり、私的な内容のE-mailの送受信を行う時間はナイはずです！

★ 営業に出向く場合

さて、私の場合、35歳までのアポイントメントの取り方は、「空き時間を作らない」ように一日のスケジュールを立てていました。外出する時も、その日のメインの訪問先を軸にして、その前後には、移動の時間を計算し、同じ方向のアポイントメントをとっていました。空き時間ができて、どこかで時間をつぶすようなことは時間がもったいなくて、いつもギリギリの分刻みで動いていました。

しかし、それも36歳を過ぎたころから、体力的に疲れがでてきたため、一日の訪問先は3件までと決めました。そして、時間もギリギリではなく、余裕をもって移動できるような時間を組み立てて、流れによっては一休みできるようにもしました。時間に余裕をもって行動すると、心にも余裕ができ、人に優しく接することができますね。

そして、訪問後は帰社してデスクワーク、夜は英国本社とのシゴトのやりとりに集中するようにしています。

シゴトをテキパキこなせる時間術！ ②

　自分のシゴトがパンパンになってパニックになりそうな時は、同僚や後輩にお願いできる内容のものは思い切ってお願いしてみましょう。
　困っている同僚の手助けをトッサに行えるためにも、常に自分のシゴトをどんどん完了させていくことが大切ですね。

★内勤の場合

　始業開始40分から50分前には出勤し、オフィスのシゴト環境を整えます。ストレス解消の香り入りスプレー（43ページ参照）で机ふき・朝のゴミ出し・床掃除・湯沸かし・コピー機の電源入れ・FAX受信や、E-mail受信の確認など。
　ひととおりのオフィス環境を整えたら、自分の席について時間に余裕があれば新聞などに目をとおし、一週間分と本日のシゴトの予定をたてます。始業時間10分前になったら、お客様の来訪やかかってくる電話の応対が即座にできるよう心構えを。

シゴト予定の立て方は、自分の好きなシゴト、嫌いなシゴトで行うものではなく、**納期限の迫っているシゴトから片付ける**こと。お客様や上司、先輩などから指示された期限より1〜2日早めに仕上げて納品すると先方も喜ぶし、もしも訂正や修正事項があった場合も余裕をもって対応できる！　これも愛されOLのデキルシゴト術ですね！

★上司のスケジュール管理を任されている場合

　上司の行動の好みを把握しておきます。午前中からアポを入れて午後はデスクについていたいタイプなのか、午前中は社内にいてデスクにおり、夕刻の接待に繋がるように午後の遅い時間からアポを入れるのが好みなのかなどです。
　その日全体のスケジュールをよくよみとり、上司にとって有効な時間がとれ、上司が気持ちよく疲れないような配慮をします。

月曜日のAfter 5
落ちこみを癒す、花と香りの魔法のレシピ

　週明けの出勤は土日に休んでいたせいか、ちょっと疲れを感じやすい。こんな日に限って、週明け早々上司に叱られ、精神的に落ち込むこともシバシバ……。こんな日は、早めに帰宅しておうちで自分を労（ねぎら）ってあげましょう。

　精神的に落ち込んだ時はお花屋さんへ行き、1000円分のかすみ草とガーベラを買って帰宅し、「自分流のアレンジメント」を作ります。

　緑のオアシスに好きなようにお花をさしていく時間は、すべてを忘れてそれに集中できます。出来上がったら、最近使わなくなったティーカップなどにいれてテーブルの上に飾り、ぼーっと床に座ります。

　ぼーっとしたあとは弊社スタッフのしずかさんが作ってくれた「オリジナルのスプレー」をお花と部屋にシュッと一吹き。すると、その香りが身体の芯から私を癒してくれると同時に活力がわいてくるのです。

　しずかさんは、いくつものアロマオイルをブレンドして、週

明けに、オフィス用と、ストレスをためやすい私のために、毎回香りの効果が異なるスプレーを作ってきてくれます。このスプレーは香りもさることながら、殺菌作用もあるとのことで、机等を掃除する時にも使用しています。
　その日の自分をリセットさせてくれる、花と香りのマジック。私もこの香りのスプレーを作れるよう、月曜日のアフター5は香り作りの教室に通っています。

★ 癒しのフレグランスレシピ

用意するもの：スプレー容器、無水エタノール、精製水、精油（ラベンダー、ゼラニウム、イランイランなど）

①スプレー容器の容量の10％程度のエタノールを入れ、次に好みの精油8滴を入れよく混ぜる。
②容器を精製水でほぼいっぱいに満たす。

　今回選んだ精油の効果：ストレスや神経過敏の鎮静、心身のバランス、体液の循環を促す、緊張を解きほぐすなど。
　　　　　　　　　　　　　　＜レシピ提供：楡しずか＞

火曜日

気合を入れよう！　オフィスのシゴト術

シゴトの「ポパイ」?

　「ポパイ」といえば、ホウレン草を食べてパワーアップし、大好きなオリーブを助け、その結果オリーブは喜んで、お互いがハッピーになる話です。
　さて、あなたはシゴト中にこのポパイの「ホウレン草パワー」にあやかりたいと思ったことはありますか？
　私は20代の頃から、何度も「ポパイになりたい！」と思うシーンに遭遇しました。例えば、現在午後6時。急に「明日の午前7時までに20ページもの書類を作成し、午前8時までに社長の自宅まで書類を届けて」と先輩に指示された時。「え！今日はクライアントの接待が入っていて、今からでかけるところなのに……」。
　だけど、おもわず「はい。かしこまりました」と返事をしてしまいました。「接待が終わって、11時頃会社に戻って、それから徹夜で仕上げればなんとかなる！」そう自分に言い聞かせた結果、結局時間に間に合わず途中までの資料になってしまったり、時間を優先したために内容が希薄な書類になったり……。

こんな時に、「ポパイのように魔法のようなパワーが発揮できたら……」とつい思ってしまいませんか？

じつは私たちにも、**パワーアップ可能な「ホウレンソウ」**があります。

それは、次のことです。

ホウ……「報告」

レン……「連絡」

ソウ……「相談」

前述した例も、もしも先輩に「相談」していたら、きっとみんながハッピーになる結果を創造できるように、それぞれがそれぞれのパワーを発揮して結果オーライになっていたはずです。

あなたの「ホウレンソウ」を実行する勇気によって、あなただけが抱え込むシゴトから、みんなで共同・協同するシゴトに変身できます。その結果、プレッシャーに悩むことなく本来の自分のパワーが発揮できるのです。

シゴト中にホウレンソウが必要な理由は、**関係者達のコミュニケーションが円滑になり、みんながスマイルになる結果を生みだせる**からです。素直に心をひらいて"ホウレンソウ"ができるように、日頃からよい人間関係のコミュニケーションを築いてまいりましょう。

賢くホウレンソウを使いましょう！

★報告・連絡は「5W 3H」の構成を明確に！

【5W】

When	いつ
Where	どこで
Who	誰が
What	何を
Why	なぜ

【3H】

How	どのように
How many	いくつ
How much	いくら

★報告・連絡は「書面」と「口頭」の両方

　結論から伝えましょう。経過報告や詳細は細かく聞きたい人と、結果のみでよい人がいるので、相手に伺いをたててみましょう(報告する相手の性格などにより、経過説明後に結論を

望む人もいます。相手の好みを日頃から把握しておきましょう)。

　勝手に「先輩や上司が忙しそう……」と思って、報告や連絡をするタイミングを延ばし延ばしにするのは危険です。勇気を出して「失礼致します。部長、〇〇の件で報告させていただきたいことがあるのですが、今、お時間宜しいでしょうか？」と相手の都合を伺います。

　どうしても上手くタイミングをつかめない時は、本来は口頭で報告や連絡をすべきことでも、**相手の状況を察しE-mailや文書にまとめて机の上においておくのもテ。**

　しかし、その後、必ず「失礼致します。部長、さきほどE-mailで〇〇の件の報告をさせていただきました。お目とおしいただけますようお願いします」と、E-mailや文書を作成したことを伝えます。

　緊急事態が発生し、どうしても来客中や会議中に連絡をいれる必要がある場合は、**連絡内容をメモに書き、そっと伝えたい本人に渡します。**

★愛されOLの相談術

相談に応じてもらえるアプローチを心がけましょう。

【シゴトの相談の場合】
「課長、〇〇の件でご相談したいことがございます。少々お時間をいただけると有り難いのですが、ご都合はいかがでしょうか」

【プライベートな相談】
「課長、折り入ってご相談させていただきたいことがございます。今晩お時間をいただけると有り難いのですが、ご都合はいかがでしょうか」

相談しやすく、相手がアドバイスしやすい場所で、どのような内容にしろ、感情的にならずに相談しましょう。

他部署の人がファンになる！電話美人になりましょう

電話が鳴っています。トゥルゥゥゥ。トゥルゥゥゥ。
Aさん：(30秒くらい経過後、面倒くさいそうな声)「はい」
Bさん：(怪訝そうな声)「総務部ですか？」
Aさん：(相変わらず面倒くさそうな声)「はい」
Bさん：(ムッとしながら)「斎藤さん？」
Aさん：「あぁ、斎藤さんは今見当たりませんねぇ」
Bさん：(不快指数180％！)「！！！ ……ガチャン！（電話を切る)」

悪い例をあげてみました。これではせっかくやる気のある「愛され人財」のBさんの気分がのらず、モチベーションが下降。また肝心なシゴトの話が出来ずビジネスウーマンとして人財から「人在」へと降格します。

それでは、よい例を見てみましょう。

トゥルウゥ。

Aさん：(明るいハツラツとした声で)「はい。総務部Aでございます」

Bさん：「Aさん、お疲れさまです。経理部のBです」

Aさん：「Bさん、お疲れさまでございます」

Bさん：「Aさん恐れ入りますが、今、斎藤さんはいらっしゃいますか？」

Aさん：「申し訳ございません。斎藤さんは今、席を外されているようです。戻られましたら折り返しBさんへご連絡するようにいたしましょうか？」

Bさん：「そうですね。ではお願いします。私の内線番号は6689です。」

Aさん：「かしこまりました。それでは、斎藤さんへ6689のBさんへ連絡をいれるよう伝えます」

Bさん：「どうもありがとう。ヨロシクね」

Aさん：(明るくハツラツと)「はい。かしこまりました」

　社外区別なく対応することがポイント。電話でのコミュニケーションは、相手の顔の表情や態度が見えない声だけのコミュニケーションですから、声の表情には十分に気を配って丁

寧な対応をしましょう。

★社内電話美人の7つポイント

①**明るいハツラツとした声**で社内の人には「**お疲れさまです**」のひと言を！
②社内の人にも**クッション言葉の「恐れ入りますが」を忘れず**に。あなたが電話をかけることによって、相手はシゴトを中断して電話にでています。
③お客様と接する時と同じように、**名指し人が不在の場合は「申し訳ございません」から会話をスタート**させます。
④社内の人にも「**お願いします**」のひと言を忘れずに！　内線番号は調べればわかりますが、不在の方に手間をかけさせないためにも**自ら内線番号を伝えましょう。**
⑤社内電話でも**復唱の習慣**を。
⑥当たり前、ささいなことに対しても「**ありがとう**」のひと言を忘れずに。
⑦「わかりました」はNGワード、OKワードは「**かしこまりました**」です。**社内の人にも敬語**を使う習慣を！

♥ コピーの技術で差をつける！

　「コピー」は単なる雑用ではありません。私は**スタッフの面接試験において、必ずコピーをとりに行ってもらい、採用の合否を決めています。**
　みんなが嫌がるコピーやお茶出しを愉しそうに行ってくれる人は、会社にとって宝物です。

★デキル女性の「コピー力」

・出勤後、コピー機の電源を ON にしましょう。使用したい人がすぐに使えます。愛され OL の気配りです
・新聞のコピーは濃度を薄くします
・コピーする箇所が小さい場合は、拡大コピーで文字を見やすくします
・使用後はインクがガラス面に付着していることもあるので、ガラスを拭きましょう
・コピー物にはコピーをした新聞の名称・年月日・朝刊か夕刊

かを記載します。
・コピーをとる時は、両端・天地が切れていないかどうか確認。
・まっすぐにコピーされているか確認しましょう。

★コピーの「頼まれ上手」になるポイント

・「何部」コピーをするか、セットにする場合は、「ホッチキスで留めるか」など確認をしましょう
・名刺のコピーを頼まれたら、「原寸と拡大の両方必要」か、「拡大してもよいか」などの確認します
・用紙サイズの異なる原本を一式資料としてコピーする場合、用紙サイズを統一させましょう。例えば、A4横サイズで版型を決めた場合、このサイズに合うように原本を拡大や縮小などして、キレイで見やすいコピーをとります

★コピーの後が勝負です！

　コピーをし終わったら「クリア」ボタンを押しましょう。「次の人が1枚だけコピーをするため使用したら、いきなり100枚のコピーが！」「A4の原本をおいたので自動的にA4

ででてくると思ったら、前の人がA3で用紙設定を行っていた！」「コピーをしたら大きな文字が3つだけコピーされていた！！」ということになりまねません。

　このような場合は、再度やり直しとなり、時間と用紙とインクと労力のムダ使いでスムーズな職場環境とは言えません。一人ひとりが気を配りましょう。

　また、自分のコピーは無事に終わり、次の人が10枚コピーしたくて使用したら、2枚コピー後に用紙補充のランプが……。次に使用する人のことを考えて、自分が使用した後には必ずカセットに入っている用紙枚数を確認しましょう。カセット内の用紙が減っていたらあなたが補充をしましょう。

　自分以外の人のために自分の労力を使えるあなたは、愛されOL間違いなし！

デスクはあなたの"魅せ場"です

　デスクワークはついつい自分の世界に陥りやすい世界。だから書類の整理も「私だけがわかればそれでいいのよ」的な考え方でシゴトを行っていませんか？　愛されOLは、自分以外の人が見やすいように、わかりやすいように、探しやすいように、と配慮して整理整頓を行います。

　その結果、後に整理した書類などを探す時に、自分もシゴトがしやすくなり、「あれぇー、どこにいったんだろう？」と探すムダ時間もなく、リズミカルにシゴトが進んでいきます。

　また、**書類やデスクの整理整頓はあなたの能力の"魅せ場"**です。日頃からキレイに整理整頓されているデスクや書類はまさにあなたの"魅せワザ"。さぁ、あなたはデスクや書類をどんな風に魅せますか？

★ **デスクの魅せワザ**

　自分の机と思っていても、実際は会社の備品のひとつです。

愛されOLはこれらも大切に使用します。
　席を外す時は、書類は引き出しにしまい、パソコンの画面が見えないようにキレイに片付けましょう。

★名刺の魅せワザ

　いただいた名刺はシゴトの宝物です。大切に取り扱い・保管します。
　鉛筆で名刺交換をした日付けを記入。その人の特徴、話した話題などをメモ。
　市販されている名刺ホルダーに整理します。時系列、業種別、会社別など、のちに探しやすい方法で整理しましょう。

★ファイルの魅せワザ

　オフィス環境に即したファイリングを行います。大切なことは、各ファイルのタイトルの付け方です。みんながひと目でわかるタイトル表示をします。
　ファイリングのしかたは、**2つの魅せワザ**ですっきり整理しましょう。

①**主題別魅せワザ**：書類の内容やテーマ別にタイトル表示をして整理する方法（例：A社マナーコミュニケーション研修・A社新人マナー研修）。
②**標題別魅せワザ**：タイトル(標題)にマッチする内容の書類を整理する方法（例：見積書・納品書・請求書など）。

★ファイリングの種類

バーティカル・ファイル
(垂直ファイル)

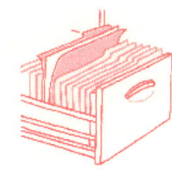

オープン シェルフ・ファイル
(棚ファイル)

ホリゾンタル・ファイル
(垂直ファイル)

会議は人間性がでます

　会議の目的は、会社がよりよい方向へ進むために必要な、重要事項を決定するための話し合いの場です。議論は会社や社員にとって最良の夜空を彩るための「花火」。参加者全員が美しい花火を打ち上げましょう。

　私が実際に会議に参加するようになって感じたことは、会議はその人の人間性を見極める場所とも思えるほどにマナーの重要性を感じる場所です。

　有意義な会議にするためにも、参加者全員にマナーを身につけておいていただきたいものです。

　反対意見は、時には会議を盛り上げるためのパフォーマンスで行う人もいます。このような場合は、その真意が伝わるように意見を言います。

　反対意見を言いたくても、「こんなことを言ったら今後いじめられるかも……」などの理由で言えない人も多いはず。

　しかし、職場はお客様、会社、そこで働く人々、会社に関係する人々、さらには社会がハッピーになるために稼働する場所

です。一個人の感情でせっかくの意見が伝わらないのはかえって失礼な行為。信頼関係を築いている相手だと本音の反対意見も言いやすくなるので、日頃から職場の人とよいコミュニケーションをとっておきましょう。

　反対意見を言われても、動揺することなく微笑みながらその意見を聞き、余裕を見せましょう。このような場面では人間性を判断され、紳士や淑女の格付けをされています。

　白熱した議論が続き、なんとなく場の雰囲気が悪くなってきたと感じたら、少し遊びをもたせる意味でウイットに富んだ発言をし、**場を和やかにするのも愛されOLの得意技**です。例えば「貴重なご意見が続いている中恐縮ですが、会議開始から1時間が経ちましたので少しのどを潤したいと思いますが。いかがでしょうか」などが、よいのではないでしょうか。

★ ifの裏ワザ　会議編

　もしも会議中、睡魔が襲ってきたら？　机の下で自分の手をつねってみましょう。椅子からお尻を少しあげて座り直してみましょう。お茶の手配や準備をするために立ち上がるのもテ。

会議の聞くマナー・発言マナー

★聞くマナー

　肘をついたり、足や腕を組んだり、目をつぶったり、椅子の背もたれにのけぞったり、鉛筆やペンを廻しながら聞く態度はスペシャルNG。発言者に顔を向け、身体を乗り出して聞くくらいの態度で臨みましょう。
　プレゼンテーションなどを聞く時は、発表を終えた人に大きな拍手をします。

【ポイント】
・キョロキョロしないで、発言者を"みながら聞く"
・共感フレーズに"うなずく"
・発言者の意見を"メモ"する
・人が発言をしている時に私語は"慎む"

★発言マナー

　自分の意見を述べた後、最後は「……と思いますがいかがでしょうか？」と、"議論＝討論＝戦い"ではなく、みんなと会話をし、みんなでよい結論を出そうという雰囲気を作る。

【ポイント】
・司会者の進行に従い、発言を行ってもよいタイミングで挙手をする
・議長から「〇〇さん、どうぞ」と言われたら「はい！」と返事をして立ち上がる
・自分と異なる意見をもっている人がいても、その人やその意見を尊重する心の余裕をもつ
・参加者全員に聞こえるように、大きな声ではっきりと発言をする
・下を向きながらモジモジした態度はNG
・議長をはじめ聴衆者を見渡しながら、語尾までハッキリと自分の意見を述べる

来客応対から
シンデレラストーリーへ

　私たちはオフィスでは来訪するお客様を迎える立場です。
　「私は受付じゃないし……」。「私の担当するお客様じゃないから関係ないわ」。これらは愛されOLとは無縁の言葉ですね。
　私たちは、わざわざ弊社に足を運んで下さるお客様(直接取引をしていない人でも**常に社外の人に対しては"お客様"という意識で接するのが愛されOLの秘訣♪**)に対して、「あの会社は感じがよくて気分がよかったよ」と思っていただける対応を行いましょう。
　高校時代からの私の友人の笑美さんは、決してシゴトがずば抜けてデキルタイプではありません。本人もキャリア志向が高いわけでもなく、就職後は早く結婚してシゴトを辞めたいと思っていました。その笑美さん、今では私より年収も多く某社の社長秘書として大活躍中なのです。
　「笑美ちゃんってすごいわねー」
　「そんなことないわよ。みんなみたいにテキパキとシゴトができるタイプじゃないから、ほんの少し人よりも気配りをするこ

とを心がけて、みんなに迷惑をかけないように自分のデキルことだけをやっているダケ」

　笑美さんは、相変わらずのんびりとした口調で話します。笑美さんは２度転職をしています。最初に就職した会社で３年間働いた後、結婚相手がいたわけではないのに花嫁修業のため退社。その後、契約社員としてある会社へ派遣。そこでも特に大きな責任のあるシゴトを任されるわけでもなく、一般事務をこなす日々でした。そして、**ある日、現在勤務する一部上場会社の社長からヘッドハンティング。**このシンデレラストーリーの主人公はどうしてシンデレラになれたのか？　この社長にお聞きしました。

「当時シゴトで笑美さんが勤務していた会社へ、週に２回は行っていたんだ。そこで毎回笑美さんはとても丁寧なあいさつをしてくれるし、お茶もいつも笑美さんが出してくれるんだけど、お茶の出し方がまた感じがよくてね。**この子はみんなから愛されてきっとシゴトもできる人なんだろうなぁ**、と思ったよ。それから１年半後、ちょうど当時の秘書が退職することになって、社内で秘書の人選を行っていたのだが、笑美さんのことが気になってね。それで聞くところによると派遣会社からの契約社員と知り、思い切って笑美さんにお願いをしたわけだ」

シンデレラの"魅られる"応対①
受付編

　前述の笑美さんのような、シンデレラになる愛されOLは、相手中心で心のこもった対応をするため、自然と周囲の人々から注目を浴びます。
　つまり、愛されOLの応対は人に魅せるものではなく、人から魅られる美しさを伴っているのです。

★受付での対応

1. お客様を発見！
　受付の人も、そうでない人も、見慣れない人を発見したら
　その人はお客様！　どんなシゴトをしていても、まず感じのよい微笑みで立ち上がります。

2. 先手必笑™のあいさつでお近づき
　微笑みながら「いらっしゃいませ」「おはようございます」などのあいさつ言葉を発し、こちらから歩み寄る。

3. お客様の会社名とお名前、用件を伺う

　アポイントメントのあるお客様を迎える場合、微笑みながら、「ニコニコ会社の笑様でいらっしゃいますね。お待ち致しておりました」(ペコリ)

　アポイントメントのないお客様を迎える場合、微笑みながら「ニコニコ会社の笑様でいらっしゃいますね。恐れ入りますが少々お待ちいただけますか？」といって、会釈をし、名指し人や先輩、上司に報告し、指示を仰ぐ。

シンデレラの"魅られる"応対②
ご案内編

★廊下でのご案内

1.「それでは、応接室へご案内致しますので、どうぞこちらへ」

「どうぞこちらへ」と、お客様より遠い方の手で方向指示のジェスチャーを行うのがポイント。「応接室へご案内します」と、これからどこへ案内するのかを伝えると相手は安心します。愛されOLはココをおさえておきましょう！

2. 廊下の真ん中をお客様、その右ナナメ1mから1.5m先を案内人が歩く

時々後ろを振り返りながら、お客様の歩調に合わせて。ご案内の距離が長く、無言で歩いていくのはちょっと……と思ったら「弊社の場所はすぐにおわかりになりましたか？ 少しわかりにくい場所にあるので」とか「〇様の会社はどちらにあるのですか？」など、お客様との会話が続く話題をふってみましょ

う。

★階段やエスカレーターでのご案内

【上る時】
　手すりのある側にお客様に歩いていただく配慮を♪　原則は、お客様が先です。そして、案内人は後ろから。その理由は、お客様に高い位置にいていただくためです。また、危険な事態が発生した時は、後ろで支えることが可能。しかし、もしもお客様が女性でスカートをはいていたら？　誰かが後ろから歩いてこられるのはイヤ！　勝手がわからない建物で、先に歩けって言われても……。という理由から、上る時のご案内は、案内人が先、お客様が後でもよいでしょう。

　この時の注意点は、「**お先に失礼致します。お足下にお気をつけ下さいませ**」と告げてから、案内人は上っていくことです。

【下りる時】
　手すりのある側にお客様に歩いていただく配慮を♪　案内人が先。お客様が後です。その理由は、お客様に高い位置にいていただくため。先導するためです。

★エレベータでのご案内

【乗る時】

　案内人は、上下のボタンを押します。ドアが開き、中に誰もいない場合は、案内人は「お先に失礼します」と会釈をして先にエレベータ内に入ります。

　お客様が入ってくるまで、片方の手で開のボタンを押し続け、もう一方の手でエレベータドアを押さえておくようにしましょう。

　すでに誰か中にいる場合は「どうぞ」と言ってお客様に先に入っていただきます。続いて案内人が入る場合は「失礼いたします」と言って会釈をしてから入るようにしましょう。エレベータでの立ち位置は、右のイラストをご覧ください。

　エレベータ内での会話はマナー違反。特に海外でこのマナーは重要です。気をつけましょう。従って「エレベータ内で会話がなくて、どうしていいのかわからない」などの不安は消しましょう。そもそもエレベータ内での会話はタブーなのですから。エレベータに乗っている時は、目線を下に落として目的の階に到着するまでジッとしています。

ただし、エレベータ内でお客様や知人と2人きりになり、相手から話しかけられた場合は返答をします。

【降りる時】
　お客様に先に降りていただきます。この時に「降りて右側でございます」など、降りた後の方向を事前に伝えておくと、エレベータから降りたお客様も安心します。
　混雑しているエレベータで、自分の目の前が扉の場合は、その場の状況を考えて「お先に失礼致します」と言って会釈をし、先に降りることもあります。

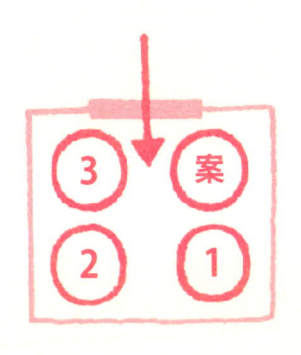

シンデレラの"魅られる"応対③
応接へのご案内編

★入室のしかた

　ドアの前にきたら**ノックは3回**。2回はトイレノックです。気を付けましょう。

【内開きのドアの場合】
　内開きのドア（目的の部屋基準にして、部屋のなかに向かって開けるドア）の場合、部屋の中に向かって扉を開けます。
　部屋の中に誰かいないか？　テーブルの上は片付いているか？　など瞬時に確認します。
　「お先に失礼致します」(会釈)と言ってドアノブを持ちながら、先に案内人が部屋に入ります。
　ドアノブをもう一方の手で持ち替えて「どうぞお入り下さいませ」と会釈と同時にお客様より遠い手で方向を示しご案内。

【外開きのドアの場合】

　外開きのドア（目的の部屋を基準にして、部屋の外＝廊下側に向かって開けるドア）廊下を基準にして手前にひいて開け、部屋のなかをチェック。

　「どうぞ」と言ってお客様に先に部屋の中に入っていただく。この時も会釈やジェスチャーを忘れずに。

★入室後

【席の勧め方】
1.「どうぞ、こちらへお座り下さいませ」と上座をすすめる（右ページのイラスト参照）。
2.ただし、下座から絶景などが見える部屋の場合は「こちらから、本日美しい富士山がご覧になれますが、どちらにおすわりになりますか？」と情報提供をし、お客様のご希望を伺うコミュニケーション上手なのが、愛されOLです。

★退室のしかた

　「〇〇がまいるまで今しばらくお待ち下さいませ」と言って、ドアの前まで。顔見知りの方であれば「それではどうぞごゆっくりなさっていって下さいませ」などと、あいさつをするのもGOOD。
　ドアを開け「失礼致しました」と言って会釈をし退室。ドアは静かに閉めましょう。

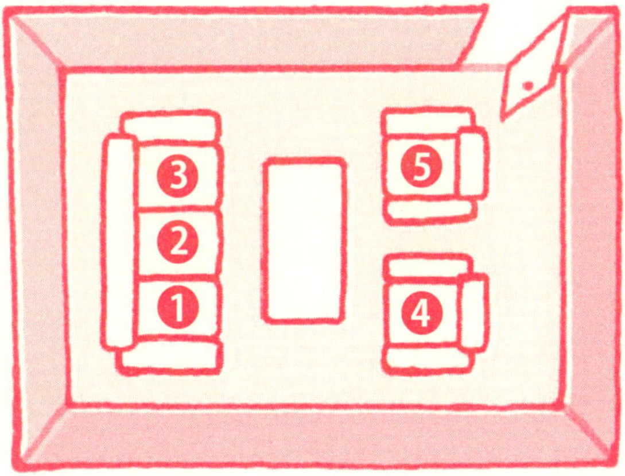
3
2
1
5
4

"魅られる" お茶出し①

★ 日本茶の場合

【準備するもの・お盆のセット】
　お盆（日本茶を出す場合は丸いお盆）、茶たく(人数分を重ねておく)、湯のみ茶碗（一度中を濯ぎ、お湯をそそいであたためておく）、布巾（こぼした時などのため）。

【お茶の入れ方】
1. 急須も一度お湯を入れてあたためる
2. 急須のお湯をすてる
3. お茶の葉を入れ、葉に合った温度調節したお湯を急須へ入れる
4. 湯のみ茶碗には、それぞれ茶碗に入れたお茶の濃さが均等になるように、だいたい7分目くらいまで(お茶の葉の種類によって異なるが、ビジネスシーンでのお茶出しはここまでこだわらなくてもよい。お茶を飲むために来訪されているわけでは

ないので)お茶をそそぐ

日本茶の種類	お湯の温度	お湯を注いでから	注ぐ量
抹茶	40度〜50度		抹茶茶碗に 2〜3分目 (三口と半分)
玉露	50度〜60度	3分後	小振りで薄めの茶碗4〜5分目
煎茶	60度〜80度	2分後	茶碗に 6〜7分目
番茶	80度以上	1分後	厚めの茶碗 7分目
ほうじ茶	80度以上	1分後	厚めの茶碗 7分目

"魅られる" お茶出し②

★運び方・出し方

1. お盆は両手で胸の高さでもつ
2. ドアの前にきたらノックを3回おこなって「失礼致します」と言い会釈をして入室
3. 入室後、ドアを閉めて再度会釈をし、サイドテーブルの上にお盆をおく
4. サイドテーブルで茶托と湯のみ茶碗をセットし、「失礼いたします」と言って腰を低くして、茶托や茶碗の柄を飲まれる方の正面に向けて、両手でお客様の上役から先にお出しする（どの方が上役かわからない時は、上座に座っている人から順番に出す）。
5. 基本的にお茶は**お客様の右後ろから**出すが、ビジネスシーンのお茶出しに関してはその場の環境の応じて出せばよい。お茶とお菓子を出す時は、お茶から出す。お茶は右。お菓子は

左。

★お茶出しの魅せワザ

　20分経ってもお客様が帰らない場合は、2杯目のお茶の準備をスタート。30分経過した頃に2杯目のお茶をお持ちします。
　2杯目のお茶は、1杯目とは異なるもの。例えば、1杯目が日本茶だったら、2杯目はコーヒーにする。暑い日などは、1杯目のお茶は冷たいもの。2杯目は温かいもの、など。
　ただし、これは会社によってルールがあることなので、必ず先輩や上司に確認をして、2杯目のお茶出しが必要かどうか伺ってから行動しましょう。

★退室のしかた

　サイドテーブルに布巾をおいておく。お盆を脇にかかえて、ドアの前で会釈をし、静かにドアをしめます。

「また、来たい！」と思わせる、お見送り

★室内で

　迎えた側の担当者がドアを開け、お客様に先に出ていただく。この時、お客様の忘れ物がないか、部屋を見渡しチェックします。

★ドアの外まで

　お客様からみて迎える側がシゴト上、取引先の客である場合など。ドアの外で「こちらで失礼を致します。本日はご足労下さりありがとうございました」と御礼を告げ90度のお辞儀。

★階段・エスカレータやエレベータの前まで

　お客さまと迎える側の立場が同等であったり、迎える側から

みてお客様が取引先の客である場合など。

　エレベータの前まで、迎える側が先導し、エレベータのボタンを押す。エレベータのドアが開いたら、お客様がのり、「本日はありがとうございました」とあいさつをし、ドアが閉まり切った後、3秒後まで90度のお辞儀をしたままお見送りをします。

★建物の玄関先まで

　重要なお客様の場合や、見送りながらもう少し話をしたい時など。部屋からエレベータの前まで先導し、エレベータ前でボタンを押し、エレベータのご案内のしかたで玄関先まで。御礼の言葉と90度のお辞儀をして、お客様が見えなくなるまでお見送りを。

　お客様がタクシーや車でお帰りになる場合は、車が見えなくなるまでお見送り。お客様が大きな荷物を持っている場合は、見送る場所まで担当者がお持ちする。タクシーや車の場合は、荷物を中に入れるところまで行います。

後片付けでシンデレラ誕生!

　誰もいない部屋を片付けるこの時が、シンデレラ誕生の瞬間です。シンデレラは誰もみていない場所で、いつも丁寧に掃除をしていました。

　だから、シンデレラは「シンデレラ」になれたのです。私たちも、人からみられていないその時こそ、会社の備品などに「ありがとう」の気持ちをこめて、また次に使用する人が気持ちよく使えるように後片付けをしましょう。

　入室する時はノックを3回して、なかに誰かいないかどうか確認後、会釈をして入室。

　人がいない時でも、基本動作を行うこと。**この姿勢が自然な美しい動作になり、あなたの魅力となります。**

　お客様や担当者の忘れ物がないかチェック。新聞や雑誌は元の位置へ。ホワイトボードなどを使用していたらキレイに。

　お茶一式をお盆にのせてさげます。微笑みながらテーブルをふきましょう(シンデレラもひとり、笑顔で愉しく掃除をしていました!)。

ゴミ等がおちていたら拾います。退室する時は、電気を消し、会釈をして静かにドアをしめます。

　サインボードを[使用中]から[空室]に。会社によっては空いている部屋のドアは開けっ放しておくことも。

　ちなみに、イギリスでは、使用していない部屋のドアは開けておきます。従って、ドアが開いていたらそれが空室のサイン。バス・トイレも同様です。

ミスをした時、どうする？

　先日、病院勤務のドクターが私のマナー講座に参加下さいました。セミナー後、ドクターと話をしていたら「本当にシゴトのできる先生って、誰かがミスをしても絶対に怒ったりしないんだよね」と。

　「ふーむ。確かに……」。私の会社は大きく2つの事業を展開しており、そのひとつは医薬系の研究者や大学教授、病院のドクターたちがお客さま。このシゴトをとおして、私はこの5年間で何度も涙がでるほど先生方に感動したことがあります。それは、明らかにこちらがミスをした時。「めちゃくちゃ怒られるだろうなぁ……」と思って連絡をしました。

　その時、先生方は大きく深い気持ちで「じゃあ、これはいつ出来ますか」など**サッと話を前向きに切り返してくれました。**

　「うわー、叱られなかった……。有り難い……先生って、ジェントルマン(レディ)だなー」と感服。

　今後ミスをしないよう、シゴトに対するやる気もますます向上しました。

さて、今では幸せな職場環境でシゴトをしている私も、20代から30代半ばまでは、人間関係に苦しむことだらけでした。
　特に同じ職場に人との人間関係は、結局**お客様に対するサービスにも影響するものなので、職場の人間関係を円滑にすることは重要です**。ただ、シゴトをしていれば、ミスをすることもあるでしょう。叱られることも、注意をうけることもあります。
　そんな時、周囲の人たちに迷惑をかけないよう、**あなたのポジティブな態度や発言が職場の環境をリセットしてくれます**。どんな時も、素直で前向きな気持ちが愛されOLの秘訣です。

★「叱られ上手」は周りから認められる！

　私の友人の由起子さん（ゆきちゃん）は、寿退社をした後、3年間、専業主婦をしましたが、その後離婚。社会復帰のリハビリも兼ねて契約社員として某大手企業へ就職しました。
　「契約社員はボーナスもないし、このまま年もとるし、この先どうしよう？」と人生の不安と背中合わせにシゴトをしていました。3年間のブランクは彼女にとってツライものがあり、職場では先輩や上司から1日に3回は注意を受ける日々だったそうです。

そんな彼女は契約社員として5年間勤務した後、40歳にして今年、晴れて正社員になりました。
「ゆきちゃん、よかったね！　おめでとう！」
　いつも「正社員の人はいいなぁ……」と言っていたゆきちゃんに、私は心から「おめでとう！」と伝えました。
「それにしても、ゆきちゃん、本当によく頑張ったね。よっぽどシゴトができるんだろうね！」
　彼女は笑いながら話してくれました。
「ううん……、そんなことないの。シゴトは5年も同じ部署にいれば覚えるわよ。**私が正社員になれたのは、"叱られ上手"だからよ**」

ゆきちゃんの"叱られ上手術" ①

なぜ、ゆきちゃんは、叱られ上手で周りから認められて、正社員になれたのでしょうか？ ゆきちゃんに聞いてみました！

★上司から叱られた時は？

「私も人を叱る時があるでしょ。だから叱る人の気持ちもわかるのよね。だから叱っている人の気持ちを少しでも穏やかにする意味でも、ミスを指摘され注意を受けた時には、**素直に『申し訳ございません』**と言うのよね。だって、相手を怒らせるようなことをした私に責任があるでしょ。

それから、私が誰かに善かれと思って注意をした時、相手がふてくされたり、反抗的な態度をとられると、その人に対してマイナスな感情がわくのよね。これって、同じ職場にいるんだから避けたい感情よね。

だから、私は叱られたら素直に**『ご忠告ありがとうございます』**とか**『すぐに訂正します。今後、気を付けます』**と言うよ

うにしているの。そうしたら、それ以上、叱られることはないの。すぐにミスしたシゴトを挽回するよう実務に直行よ。

　そうは言っても、時々『え？　どうしてこんなことで叱られるの？』と不本意な忠告もあるわけよ。そんな時は私だって内心『ムッ』とすることはあるけど、ここでお互いがムッとしたら周囲の人にも嫌な思いをさせちゃうでしょ。だから私はこんな時、**自分のテーマソングを頭の中で歌うようにしているの。**ちなみに、こういう時は〝へがーんばるんだぁ！　ガタコン、ガタコン〟ってね。

　すると自然に『失礼致しました。以後気を付けます』ってお辞儀をしている私がいるんだな。不本意な叱られって、周囲の人も見ていてわかっているから、かえってみんなが一致団結することもあるのよね。

　そう言えば、今までで一番嫌だったことは、後輩に書類のミスを指摘したら『え？　本当ですかぁ？』と言われた時。だって、こっちは確認段階でミスを発見したんだから、嘘をついてもしかたがないでしょ。

　人から何か指摘や忠告を受けた時、**素直に認めて謝る人は、結局周りの人も助け舟を出してくれるものなのよね**」

★自分のミスに自分で気が付いたら？

「私って３年間のブランクがあったせいか、本当によく叱られるのよ。でね、ある時、クライアントに提出した書類に間違った数字を記入していることを後で気が付いてね。でも、これを上司に報告したらまた叱られると思ったら、ミスしたことを言えなくって……。

そこで、クライアントに私が直接訂正の連絡を入れて、上司には黙っておいたのね。そしたら、結局クライアントがその件で直接上司に連絡してきちゃって……。やっぱり、**どんなことでも包み隠さず、上司には報告すべき**だと実感したわ。

こういう時って"言い訳"や"責任転嫁"するほど見苦しいものはないと思うわ。ミスをしても人間として美しくありたいと思うわね」

ゆきちゃんの "叱られ上手術" ②

★同僚が上司に叱られたら？

「自分のことじゃないんだけど、叱られている人をみたらその人の気持ちがわかるわ。もしも、明らかに重大なミスをおかした場合は、本人が一番わかっているだろうから、あえてその話には触れない方がよいと思うのよね。

もちろん、同僚が話を聞いてほしそうにしていたら聞いてあげるけど。でもこの時に『部長もあの言い方はひどいわよね』などのコメントは言わないようにしているの。

あと、明らかに不本意なことを言われた場合は、『私も同じ気持ちだから、お互い頑張りましょうね』という気持ちをこめて『私もね、昨日こんなことがあったのよ』と似たようなケースの話をすることによって、エールをおくるようにしているの」

★ゆきちゃんの例から……

　誰でも、ミスをしようとしてわざとミスをする人はいません。また善かれと思って行ったことが、悲しいかな、上司からみると逆効果だったりすることもあります。

　忠告を受けたり叱られることは、決してよい気分になるものではありませんが、普段自分が気が付いていないことも指摘され、**自分が磨かれる絶好のチャンスと明るく前向きに考えましょう。**

　「聞き上手は話上手」と言われるように、「**叱られ上手は褒められ上手**」とも言えるでしょう。

　しかし、あまりにも不本意な忠告など（パワーハラスメント＝パワハラ）を受け、過度なストレスを感じる場合は、シゴトが出来なくなったり、出社拒否に陥る前に、他の上司に相談し改善をはかりましょう。

　それでも改善されない時は、最終的に人事部などに相談に行くなどして対処しましょう。

火曜日の After5
興味がある習い事は積極的に！

「お茶出しって奥深いし、お茶出しだけも、お客様や社内の担当者に"感動"してもらえる出し方がある。それにお茶にもいろいろな種類があって、それぞれのお茶を美味しくいただくために気配りすることもたくさんあるみたい。もっといろいろと知りたいなぁ……」

こう思って通い始めたのが**茶道**。週に１回通っていますが、姿勢を正し、正座をして学ぶ時間はちょっとイケテル自分を感じます。茶道は奥深く学ぶこともたくさんありそう。気長に通ってみるつもりです。

イギリスの田舎で飲んだ紅茶は記憶に残り続けるほど"美味しい"。どうしてあんなに美味しい紅茶を出せるのだろうか？

私もあのような美味しい紅茶を人に飲んでいただきたい。と思って、帰国後、**紅茶教室**へ。ティーインストラクターの資格をとるべく目下、修行中。

先日、弊社のホームページやDVDなどを制作してくれる会社へ打ち合わせに行きました。すると通された応接室のテーブ

ルの上に見慣れぬ茶器一式が。私は興味津々でお聞きしました。
「こちらは何ですか？」
「中国茶の茶器です。先日社員旅行で中国へ行きましてね。そこで飲んだお茶が大変美味しくて感動しちゃいましてね。日本でもあの美味しい中国茶を飲みたい！　と思って一式そろえて、お茶の入れ方も勉強したんですよ。どうですか？　一杯」
　なんと！　目の前でその会社の社長が、自らお茶を入れてくれたのです。社長のパフォーマンスとお茶の美味しさに大感動！
　もちろん、私も早速**中国茶のスクールに通い、茶器を一式そろえました。**
　趣味で行っていることが、職場で役立つことってたくさんあります。私は、前述の他に**ペン字や習字、カラーコーディネートや各種マナー、簿記**など。
　習い事は**自分が「学びたい！」と思った時が適齢期**。年齢に関係なく興味をもったら即実行。自分磨きはいくつになっても行い続けたいものです。

水曜日
知的な「ビジネス文書」で差をつけよう

E-mail・文書の"魅せワザ"

　一週間も半ばにさしかかってきました。「今週はあと半分もあるわ」と思うか、「今週はあと半分しかないわ」と思うか、それは人それぞれ感じ方も違うことでしょう。

　私の水曜日は、オフィスでデスクワークをすることが多いです。このような日は、日頃、研修や講演でしゃべってばかりいるので、E-mailや文書でのコミュニケーションに集中！

　しかし、この文字だけのコミュニケーションは上手く自分の真意が伝わらず誤解を招くことも多いもの。

　だから私は"言葉の言い回し"に大変気を使うように心がけています。**同じことを伝えるにも、少し考えれば、美しく表現豊かな日本語には様々な言い回しがある**ことに気が付きます。

　こんな私も20代前半まではモノの言い方すらわからず、人に対して失礼ばかりをしていたように思います(今でも決して完璧とは言えないと思いますが……)。しかし、幸いにして当時の私の職場環境はビジネスマナーのお手本となる先輩、上司がたくさんいました。また、私自身、ビジネスマナー講師を

目指していたため、多くの本を買っては勉強をし続けていたせいもあり、美しい言葉や文章を自分で学んでいきました。

　そのおかげで、「また、お会いする日を愉しみに致しております」を**「またのお目もじを愉しみにいたしております」**と文書で書けるようになり、この文を受け取った方からは「"お目もじ"って言葉を初めて知りました。他の人もあまり使っていないし、女性らしくっていいですね。私もこれからこの言葉を使ってみます」と、話題のひとつにもなります。

　みんなと同じ言葉で伝えたいことを伝えても「またあの決まり文句か……」とせっかくのあなたの気持ちが伝わらない可能性も。

　自分の伝えたいことが相手に伝わるように、一目おかれるE-mailや文書の"魅せワザ"を水曜日は会得しましょう。

「感動文書ファイル」で心を学ぶ

　人に読んでもらえる E-mail や文書や手紙を書くためには、書き方のテクニックを身につける前に、必要なことがあります。

　E-mail や文書に、**相手に対する好感や敬意の気持ち**〝感心〟〝感激〟〝感動〟〝感服〟〝感謝〟が、あなたの心に存在するか否かです。

　人から一目おいていただける文書を書くためには、まずあなたが人の文書をみて、これらの感情がわくかどうか、自分自身を観察してみましょう。

　私は 2000 年から 2005 年に行った企業研修で、受講者のみなさんに「シゴトをしていてどんな時にうれしいと感じますか」というアンケートをとりました。この 5 年間の統計結果の第 1 位はダントツ「自分が行ったことを人がプラスに評価し、ありがとうと感謝の気持ちを言ってくれた時」という結果でした。

　私のマナーの定義に「**自分がされてうれしいことを人に行おう**」という項目があります。人に感動や感謝してもらうために

は、まずあなた自身が、これらの気持ちを常に相手に伝える人である必要がありますね。

★感動ファイルをつくりましょう

　まず、自分が魅かれた E-mail や文書をプリントアウトして、**"感動文書ファイル"** を作りましょう。
　「人に読んでいただける、私の気持ちが伝わる文書を作成したい！」と、どんなに思っても、やはり最初はどういう風に書けばよいのかわからないもの。自分が「素敵だな」と思った文書は、どんどんファイリングしてあなたの宝物グッズのひとつにしましょう。
　最初はその文書の書き方を模倣します。これを5回くらい続ければ、体裁や言葉の言い回しを覚えて、あんちょこファイルを見なくてもスラスラと書けるようになります。
　それからは、自分流のオリジナリティあふれる文書を書きたいと思うはず。
　そう思えば、あとは実行するのみ。今度はあなたの文書が"感動ファイル"にファイリングされることでしょう。

読む人の立場にたっていますか？

　シゴトに関係するビジネス文書作成で重要なことは、**読む人の立場にたって作成する**ということです。

　昨年私の元で、マナー講師になるための講座を受講した愛さん。私は「講師は上からモノをいう人はダメ。講師業だけ行っている人もダメ。受講者のみなさんと同じ立場で日々実務をこなす人が講師であるべき」という考え方のため、愛さんが実際どのような実務をこなすのか、1ケ月間、弊社でシゴトを行っていただきました。彼女は以前の会社で秘書の経験があったため、人との応対は完璧でした。

　しかし、そんな彼女が作成する電話伝言メモに、私は少しストレスを感じていました。「愛さん、この新聞社の方は男性だった？　女性だった？」。私からのこの質問は2週間続きました。

　すると、ときどき名前のあとに(女性)と書いている時もあります。私は、「どうして彼女の電話メモは統一感がないのかしら？　こんな中途半端なことをしないで全員の人のあとに男性か女性かわかるようにメモをしてほしいわ」と思いました。

そこで、私は彼女にこのことを告げました。すると、

「こちらは、女性の方からの電話の場合のみ(女性)と記載致しております。以前の会社でそういうルールがありましたので」

彼女のこの電話伝言メモワザに、私はド肝を抜かれる衝撃を覚えるほど、感心をしました。しかし一方で、これは以前の会社のルールであって、弊社のルールではありません。またこのような説明が一度もないまま、いわば愛さんだけがわかるやり方で相手に文書を渡しているこの行為は、決してマナーある行為とは思えません。電話にでた人はその人が男性か女性かすぐにわかりますが、メモだけを受ける人には、このようなことは伝わりにくいものです。私はこのことを愛さんに伝えました。

もちろん、愛さんはハッ！ として、「大変失礼をいたしました」と、大切なことだと気付いてくれたようでした。愛さんの行為は、じつに素晴らしいシゴト術でした。しかし、ちょっとしたマナーコミュニケーション（マナコミ）の欠落で、本来プラスの行動も誤解されてマイナスになる場合もあります。**文字というツールで伝えたいことを伝えるには、相手の立場にたつマナーがより一層大切です。**

ちなみに、現在弊社では、愛さんから教えていただいた電話伝言メモワザを採用しています。

文章も「マナコミ言葉」でうまくいく

相手の立場にたって、相手のことを思いやる気持ちがあるから自然に出てくる言葉、それが**「マナコミ言葉」**です。何か相手に伝える時は、必ず相手の立場にたってみる。だから自然に言葉数が多くなるんです。

「昨日はありがとう」が「昨日はご多忙の中、大変ありがとうございました」になります。

「〜して下さい」という文字を見ると命令されているみたいでちょっとイヤ。だから私たちは「〜していただけますか？」と相手の意向を伺う心配りをしています。

でも時には、質問形だとヘンな文章になる時があります。そんな時は「〜していただけると幸いです」と言い換えます。

TPOによっては「〜して下さい」と書かざるをえない時もあります。そんな時は、必殺お役立ち"LOVEワード"のひとつ。「Please」をつかって切り抜けます。「3時にお越し下さい。お願い申し上げます」という感じになります。

伺ったことに対して「わかりません」とか「できません」な

ど、"No" がかえってきた時は、なぜか気分は落ち込んだりムッとしたりのマイナス感情が。だからこのようなマイナス感情がわくネガティブワードは使いません。

「申し訳ございません。私にはわかりかねますので今すぐお調べ致します。5分ほどお時間をいただいても宜しいですか？」と、わからないことを伝えるだけではなく、わからないからこそ、今の自分にできることは何かを一瞬のうちに考えます。

そして、すぐに調べてお伝えすること。No は言いっ放しではなく、その No に責任をもつ以上は、デキル限りの代替案を提示する姿勢がマナー。

その他、マイナス感情がわく「嫌い」「怒る」などの言葉は、「好みに合わない」「気分を害する」などの言葉に言い換えて伝えるようにしています。

★サンドウィッチ話法

"終わりよければすべてよし" という言葉があるように、文書も最後をハッピー、ポイジティブな印象を与えるようにつとめています。

しかし、時にはクレーム対するお詫びなどの連絡もあり、そういう時は最初にお詫びの文句から入るのですが、私たちは「**サンドウィッチ話法**」を使います。サンドウィッチ話法とは、**中身の具はお詫びの言葉**です。そしてその具を、**プラスの言葉で挟み、結果オーライの感情を相手にいだいていただく話法**です。

　人間は自分と同じ考えや意見を持った人だけではありません。自分が伝えたことを頭ごなしに否定され、その人の考えを一方的に伝えられたらどんな感情になるでしょうか。

　そこで、私たちは自分と異なった考えを伺った時、まずはその人を理解するためにその考えを一旦受け入れます。

　「へぇ、山口さん、そのような考えもあるのですね。参考になります。しかし、今回は人数も多いのでこのようにするのが宜しいかと思いますがいかがでしょうか」

　という感じで、自分の意見を相手に伝えて、最終的には相手の意向を伺う言葉で締めくくります。

プラスの言葉

お詫びの言葉

プラスの言葉

こんな NG メールを出していませんか?

　日頃あなたが送信している E-mail は相手の"感動文書ファイル"にファイリングされる書き方でしょうか。E-mail もあなたのちょっとした言葉の心配りで Good looking な E-mail が誕生します。それでは、相手からの印象がよくない「NG メール」をまずはみてみましょう。あなたもこんなメール、出していませんか？

【宛先】：松浦聖子 <Seiko@ ●●.com>　(※1)
【件名】：RE: お打ち合わせの件　(※2)

　(※9) お世話になります。(※3) 打ち合わせですが、来週の火曜日 (※4)、2 時 (※5) からにして下さい。(※6)
　(※9) 場所は弊社にて。(※7) はじめての打ち合わせです。宜しくお願いします。
　㈱ウレシ・林 (※8)

【NG ポイント】

※1　宛先に敬称がありません！
※2　そのまま返信しているので、自分自身に対して敬語を使っています。
※3　決まり文句で気持ちが伝わらない
※4　来週の火曜日という書き方ではなく、月日の明記をしましょう
※5　2時よりも14時としましょう
※6　「2時からにして下さい」と決めつけた言い方はNG
※7　場所は丁寧に情報を伝えてあげましょう。もっと相手の立場にたってみましょう。地図はURLを教えてあげるのもよいですが、それでは先方にプリントアウトさせることになるので、「念のためFAXでお送りいたします」などの配慮も
※8　社名と名字だけはNG。これでは後日、先方が電話や手紙を出したいと思った時に情報がすぐにみつかりません。相手のことを考えたら、社名・会社の電話番号・FAX番号・会社住所などを署名しましょう
※9　一文字空けずに左側よりに書きます

好感度大！　社外メールの書き方

　どんなメールが、好感度の高い、相手がうれしくなるメールなのでしょうか？

　ポイントは、**伺い形でコミュニケーションとり、相手の立場にたったクッション言葉**にしましょう。「〜下さい」の命令形ではなく、優しいプラスワードにします。それではくわしくみてみましょう。

【宛先】：松浦聖子様 <Seiko@●●.com>　(※1)
【件名】：4月10日(月)14：00 −／打ち合わせの件　(※2)

ニコニコ会社 総務部
松浦聖子様　(※3)

松浦様、新年度のお忙しい時期にご連絡をいただきまして、大変ありがとうございます。(※4)

早速でございますが、お打ち合わせは下記でお願いできますでしょうか。
また、誠に恐縮でございますが、当日は弊社にご足労いただけますと幸いでございます。

日時：４月１０日(月)　１４：００−
場所：弊社３階 総務部応接室
※お手数をおかけ致しますが、1階受付にて入館バッチをつけて３階総務部受付までお越しいただければ幸いです。
弊社地図：http://ureshi〇〇〇.com/map/
最寄り駅：タノシイ駅1a出口
出口をでて左手に進む。１つ目の信号を右に曲がりまっすぐ行くと 右手に喫茶店「ホホエミ」があります。その喫茶店の手前を右に曲がると、左手に「ウレシ商事」の看板がでています。このビルです。(※5)

以上、何かご不明な点などございましたら、遠慮なくご連絡いただけますよう、お願い申し上げます。　(※6)
それでは、当日はどうぞお気をつけてお越し下さいますよう、スタッフ一同、祈念いたしております。(※7)

4月10日(月)14:00頃に松浦様とお目にかかれますことを、愉しみに致しております。(※8)
このたびのご連絡、大変ありがとうございました。(※9)

林 幸子　(※10)

―――――――――――――――
㈱ウレシ商事 人財開発部
TEL:033-3333-3333 FAX:033-3333-3334
東京都港区赤坂西〇―〇―〇
ウレシビル3階
会社 URL:http://www.ureshi××.com
E-mail:shiawase@ureshi××.com

【OKポイント】

※1　宛先のメールアドレスの前にある名前に「様」などの敬称をつける。送信するたびに敬称を確認。また、メールソフトのアドレス帳に「様」まで入力をしていないと敬称なしで送信されるのでアドレス帳の管理も怠らないように。

※2　今回のE-mailで伝えたい内容を書く。返信の場合は、

相手が書いて送信してくれた件名を消すのは失礼なので、「お打ち合わせの件」という件名で受信したE-mailの返信件名は「RE: 4月10日 14：00お待ち申し上げます／打ち合わせの件」と、／の前に自分の新たな件名を下記、／の後は相手からの件名をそのまま残しておく。

※3　会社名・部署名・氏名をかけば完璧。ただし、E-mailでは氏名だけでもOK。フルネームで書くと好感度アップ。2名以上に同時に送信する場合は、役職などの上の方より順番に、氏名は行変えをして書く。同等の関係者2名以上に送信する場合は、氏名は横並びに。

※4　お決まりの「いつもお世話になっております」でスタートしない。手抜きをしている印象を与えます。第一文は、相手の名前を呼ぶところから。相手の名前はどんな時でも行の先頭に。E-mailも相手とのコミュニケーションです。相手と面と向かって会話をしているのと同じですから、まず最初は感謝のあいさつからスタートします。

※5　文字の羅列ではなく、読む人がひと目で重要ポイントを把握できる配慮を。読みやすく、見やすい数字で。曜日も記載。時間は24時間表示で。場所は当日の相手の立場にたって、相手がどのような行動をすればよいのか迷わないように

丁寧に詳細を記載。地図だけでは不親切です。文章でも詳しい道順をフォロー。

※6　自分の案内が完璧だとは思わずに、相手が何か質問をしやすいよう、この文章をいれておくと親切。

※7　来社を歓迎している気持ちを伝える。

※8　相手の名前を書く時は必ず行頭から。再度、日時の記載。この時に上記と異なる情報を書かないこと。相手は2つの情報を見て混乱します。例) 4月10日(火) 14:00など。月曜日なのか、火曜日なのか、再確認が必要になり、せっかくの行為が裏目に。

※9　最後はプラス(感謝・ありがとう)の言葉で締めくくる。

※10　署名には相手がすぐに連絡できる情報を。

シゴトがデキル人の社内メール

　本来社内メールは、必要な情報を簡潔に書き、シゴトに問題がなければそれでよいのです。しかし、愛されOLは社内メールにもマナコミを活用します。

　全国に支社をもつ某社の営業ウーマン勝子さんは、社内において3年連続営業成績NO.1の凄腕営業ウーマン。その勝子さんから私はある日E-mailをいただきました。

「私は営業として2年連続全国1位の営業成績をあげました。3年目は自分自身プレッシャーがかかっていたことと、社内の嫉妬などに悩み成績がのびなくなりました。そんな時に本屋で西出先生の『完全ビジネスマナー』（河出書房新社）という本を手にとってみたら〝社内のマナーコミュニケーションを私は一番大切にしています〟という文章が私の目にとまり、あまりの衝撃にドキドキしてしまいました。迷わず本を購入し、一気に読み終え泣いてしまいました。ビジネスマナーの本を読んで泣くなんて……私の今までのシゴトに対する考え方や姿勢が一転しました。それから、私は営業成績をアップさせることより

も、社内の人間関係のコミュニケーションに気配りをするように徹しました。その結果、おかげさまで3年目も全国トップの成績をとることができました。3年目の栄冠は『完全ビジネスマナー』との出会いのおかげです。ありがとうございました」

★勝子さんの以前の社内 E-mail

【宛先】：営業本部 五十嵐

【件名】：九州支社、勝子

　本年度の営業研修、九州支社からは、安田、太田、神田の三名が参加します。
　勝子

いかがでしょうか？　冷たく、そっけない印象を受けますね。また数字が漢数字になっているため、印象に残りにくく、読んでもらえない場合もあり得ます。

★勝子さんの今の社内 E-mail

【宛先】：営業本部 五十嵐部長
【件名】：営業研修 参加者名簿(九州支社)

五十嵐部長、お疲れさまでございます。
さて、本年度の営業研修の件でございますが、九州支社からは、下記のとおり3名が参加致します。どうぞ宜しくお願い致します。
参加者名
1. 安田太郎
2. 太田次郎
3. 神田三郎
以上です。
桜 勝子
九州支社は5名の新入社員と桜で満開です。
―――――――――――――――――――――――
花田商事 九州支社 営業部
tel:092-777-7777 fax:092-777-7778

福岡市中央区〇〇町 1-1-1
会社 URL:http://www.hanada〇〇.com
e-mail:sakura@hanada〇〇.com

　まず、部長の名前から始まりあいさつから。"親しき仲にも礼儀あり"です。
　本メールの内容は、簡潔に結論から書きます。参加者名などは箇条書きにしましょう。
　最後、「以上」だけだとキツい印象を与えるので「です」をつけ、「以上です」とします。
　また、勝子さんは毎回、九州支社の様子を E-mail の最後にひと言で伝えるようにしたところ、このひと言を社内の人は愉しみに待っているとのことです。

上手に E-mail を使いこなしましょう！

★ CC (カーボンコピー)

　同じ内容を同時に複数の人に送信する時に使います。この場合は、送信者にも CC をした人にも全員に E-mail アドレスが公開されます。公開されてはいけない人のアドレスが入っている場合は、BCC(ブラックカーボンコピー) で BCC の欄に入れた人のアドレスが見えないようにして送信します。

　また、受信した E-mail を第三者に転送する場合、送信者の E-mail アドレスは転送者にも見えます。従って、転送する時も元々の送信者の E-mail アドレスが公開されてもよいのか否かを確認して、転送するように注意しましょう。

★ ML(メーリングリスト)

　ML とは、ある特定の宛先に E-mail を送信すると、登録され

ている人たち全員に同時に同じ内容のE-mailが送信されます。誰からの投稿かもわかります。グループやチームでのシゴトなどでは、みんなが情報を共有できる点で大変役立つ便利なものです。ただし、MLを開設する時は利用規約を明確にしておきましょう。またML上で登録者に対して名指しで個人的な忠告等の内容は送信しないように。MLは公共の場であることをお忘れなく。

★ E-mailの注意点

　データを送信する場合は、相手が受信をするのに時間を要する場合があります。相手に迷惑をかけないためにも圧縮などして受信しやすくする気配りを。文書や写真などを添付する場合は相手のパソコンの機種などによっては、文字化けをしたり、開けないことがあります。できれば事前に相手に確認をし、必要書類の送信方法を確認しておきましょう。

　E-mailを書いている途中で誤って送信ボタンを押してしまった時は、すぐにお詫びのE-mailを出してお詫びをしましょう。後ほど、あらためて正しいE-mailを送信します。

知っておきたい FAX マナー

★受け取る相手のことを考えましょう

　送信状には、送信先の会社名・部署名・受信者名・相手の FAX 番号を記載しましょう。また発信元の会社名・担当者名・電話番号と FAX 番号・住所を記載します。そして、送信状を含めて何枚送信するのかを明記し、送信状の下に用件などメッセージを書く欄を設けましょう。

　送信枚数はできるだけ少なく。受信者にムダな紙を使用させないこと。従って親しい間柄の場合は、事前に電話で「送信状はつけないで送ります」とひと言伝えていれば、送信状はなくても OK。

　地図を送信する場合は、送信状はなしで、地図に直接会社名や名前、電話番号などを手書きした方が、受信した側もそれ一枚で用が足せるので GOOD。

　FAX は気が付いた人が誰でもみれるので、人にみられては困

る極秘情報などは FAX しないこと。FAX は文字がつぶれてみえにくいことがあるので、できるだけ大きな文字にして送信しましょう。

★送信受信の確認を

　FAX 送信前は「今から FAX を送信します」と事前にお知らせの電話をするのが GOOD。しかし、この連絡だけに電話を使用し、先方に電話にでてもらう時間をさくのは Too much な感じを受けます。FAX をする前は「それではのちほど FAX にてお送りいたします」と何らかの打ち合わせがあったはず。従って担当者は FAX 受信に注意をしていれば OK。時間が経っても受信しない場合は電話をかけて確認しましょう。

　FAX が送信されてきたことに気が付いた人は、受信した用紙をみて、担当者へ渡しましょう。

水曜日のAfter5
講演会は内面を輝かせるサプリメント
〜愛されOL・愛子さんの例

　週の半ばは、合コン日和。今日も学生時代の友人達は合コンへ。私も誘われていた。でも今日は、私がかねてから話をうかがいたいと思っていた女優のAさんの講演会。「どうして今日なのよー！」ちょっぴり腹ダタシクもあり、残念感が漂う。

　Aさんの講演会。席は後ろの方だったから顔はよく見えなかったけど、さすがにスタイルがよく、ファッションも素敵。
「前の席に座っている人ってうらやましいなぁ……」

　なーんてことを思いながら、Aさんの話を聞いた私。内容は女優業の話がほとんどで、「女優の話は私には関係ないなー」と思ったりもしたのだが、話を聴けばきくほど、今の自分のシゴトに置き換えることができる！

　気が付いたら、60分の講演内容をB5版のノート12ページにメモをしていた。Aさんの身のこなし方、話し方、立ち居振る舞い、人を包み込む優しい笑顔、シゴトに対する情熱、プロ意識……。どれも同じ女性として真似をしたい！　私は女優

じゃないけど、Aさんのように輝いていたい！　仲間から愛されたい！　家族から愛されたい！　その術を講演会で私は教わった。

　帰りの電車で12ページに渡るメモを読み返しながら、私は「早く明日が来ないかなー」って心の中でつぶやいていた。心にしみるほど感動したことは、感動だけで終わらせたくない。それを**自分自身にどう取り入れていくかがポイント**。講演会やセミナーに参加する意義はこれに尽きると思う。

　今月の給料。1回合コンをパスした分、講演会やセミナーに行けた。自己投資は私に人生のヒントを与えてくれ、内面から輝けるサプリメントなのだ。

木曜日

実力発揮！　取引先とのシゴト術

💗 お客様からの電話、どう思う？

「正直言って、パソコンに向かって作業をしている時に電話がなっても、ムシしてますよ」

「私は主に入力作業をするためにこの会社にきているんで。電話は関係ないって言うか……」

「私あてにかかってくる電話なんてほとんどないので、私は電話にでません」

「私は電話がなったらシゴトをしていてもでるようにしていますけど、時にはすぐにでれない時もあるんです。そうすると目の前で電話がなっているのに、誰も電話にでないんですよ。だから結局私が電話にでるんですけど、その時って、かなり呼び出し音がなった後にでますから、電話をかけてくれた方に失礼だし、私自身も恥ずかしいんですよね。どうしてみんな電話にでないのかしら？　アッタマきちゃいます！」

木曜日にもなると、一週間の疲れがたまってくるのか、どうやらストレス発散の矛先がお客様に向けられ始めたようですね。

確かに、実務に集中している時に電話がかかってきたらそれまで行っていたシゴトを一旦中断してしまいます。そのため、出来ることなら避けたいと思う気持ちも理解できます。

　しかし、逆のことを考えてみましょう。**あなたがもし電話をかける時、先方の会社がなかなか電話にでなかったら？**

　「私はアルバイトですから、シゴト中に電話をかける機会はありません」

　それは大変失礼を致しました。では、例えばあなたが化粧品を電話で注文するとしましょう。この時、お昼休みを利用して自分の携帯電話から電話をかけたところ、相手がなかなかでない。昼休みももうすぐ終わっちゃう！　この時、あなたはどんな気持ちになりますか？　「早くでてよ！！」「この会社、大丈夫？」などと思いませんか？

　みんなそれぞれシゴトをしています。自分が嫌なことは、他の人も嫌なことでしょう。でも愛されOLはみんなが嫌がることも率先して行います。だから結果的に評価をされるのですね。

初心を忘れない電話応対が
ツキを呼ぶ

★電話は声の受付です

　電話が鳴ったら、1〜2コールでとります。第一声は明るくハツラツと優しい声で、「はい。○○会社でございます」とでます。

　朝、10:30頃までの電話には「おはようございます。○○会社でございます」。

　3コール以上なってしまったら「お待たせ致しました。○○会社でございます」。5コール以上なったら「大変お待たせいたしました。○○会社でございます」。

　電話は目に見えない音声の受付です。あなたは会社の顔として責任をもって電話にでましょう。

★受話器を取る時はボールペンを

　さて、新人の頃は電話応対にも慣れていないし、誰から誰あてに電話がかかってくるのかもわからないから、先輩に言われたとおり「しっかりメモをとろう！」と思って電話がなると利き手にはボールペン、もう片方の手には受話器をもつのが当たり前でした。

　しかし、シゴトにも慣れてくると「電話中にメモをとらなくても覚えられるわ」という意識が芽生え、先方から「それでは電話番号を申し上げます」と言われて「あっ、ちょっと待って下さい」と言いながらあわててペンをもつ……という光景を職場でよくみかけます。すると相手は「この人、シゴトに対するやる気がないのね。この会社は信頼できないわ」という評価に繋がっていきます。

　どんなにキャリアを積み、ベテランになっても〝初心忘るべからず〟の姿勢は周囲から魅られる存在に。

　電話応対は、名指し人に対しては「伝言メモ」を、自分自身に対しては「自分用のメモ」を完成させて相手に伝えましょう。伝言が伝わるまでがあなたの電話応対のシゴトです。

★あなたのイメージカラーを声に出してみましょう

　さて、あなたの会社やあなた自身にはそれぞれのイメージカラーやテーマカラーはありますか。弊社のイメージカラーと私自身のテーマカラーは同じ色で水色です。

　水色は〝夢〟を表す色。会社も私自身も「シゴトを始めたころに抱いていた〝夢〟をいつまでも忘れずに大切にしよう」と誓う気持ちを色で表現しています。

　電話応対もそのひとつ。弊社とスタッフ、また、私と話をした人が受話器から聞こえる声を聞いて、初々しさを感じて下さるような〝水色の声〟を出すように毎日の電話応対を心がけています。ちなみに会社での〝水色の声〟に「もしもし」というセリフは不要です。

Light-blue Voice♪

クレームには"水色の声"で対応

どんなに頑張ってシゴトをしていても、時にはクレームの電話をいただくことも。明るく感じのよい声で電話にでたところ、相手はいきなり感じの悪い声で「今月の請求書が２回も届いたんだけど、どうなっているの！」

パターンＡ：（この人の声、感じワルゥー。そもそもその請求書って、私が作成したものじゃないし……。私に言われたってわからないわよ。でもまぁとりあえず……）
「それは大変失礼を致しました。申し訳ございません」

パターンＢ：（あららら。それはお客様も不快になるわよね。早くお詫びを伝えなくっちゃ！）
「それは大変失礼を致しました。申し訳ございません」

さて、あなたがお客様だったら、どちらの「申し訳ございません」に心をひらきますか？

月曜日のあなたを思い出しましょう。真のあいさつの意味を覚えていらっしゃると思います。

　「申し訳ございません」という言葉もあいさつ言葉の一種です。クレームに対するお詫びのあいさつも気持ちがあって、はじめて相手の心に響き相手も心をひらいてくれます。

　相手が心をひらいてくれないと、どんなにお詫びをしても相手は納得してくれません。何のためにお詫びの言葉を伝えるのか。なぜ、クレーム時に「申し訳ございません」というのか。それは、お客様に、お客様の心をひらいていただき、私たちの説明もきいていただきたいからです。

　もちろん100％私たちに非がある時もあるでしょう。しかし、時にはお客様の早合点や勘違いなどによるクレームがあることも事実です。このような時に、お客様に恥をかかせないように、お互いが最後は笑顔で握手をし合う、そんな関係をお客様と築いていきたいものです。

　こちらが透き通る〝水色の声〟で接したら、お客様は聞く耳をもって下さいます。

　クレームの電話がかかってきたら、まずお客様の立場にたったお詫びを伝え、**お客様の思っていることを心ゆくまで吐き出していただきましょう。**そしてあなたは水色声で相づちをうち

ながら、お客様の心を少しづつひらいていくのです。
　私は、きちんとご自身の名を名乗りクレームを直接伝えて下さる方は大変有り難い存在だと思い、誠意をもって対応致します。そのようなお客様はこちらが誠意をもって接すれば必ず理解をし、好感をいだいて下さいます。
　弊社も年に1度はクレームを受けますが、お客様の気持ちを理解した上で応対をしていくと、その後そのお客様は弊社にとってかけがえないVIPとしてお付き合いが続いていくのです。

電話応対は営業時間です

★みんな営業パーソンです

　あなたの会社に営業部はありますか？　弊社には営業部はありません。日本支社はまだまだ小さな会社ですけど、どんなに会社が大きくなったとしても営業部という名称の部は設けない方針です。

　なぜならば、弊社の会社に**所属している以上全員が営業パーソンだからです**。だからたとえ経理を任されていても、デスクワークのみの毎日だったとしても、スタッフ全員が身だしなみに気をつけています。そして、第一印象で受け入れてもらえるような好感をもっていただける人財であることを意識し、言葉遣いや話し方、E-mail の書き方などに気を配ります。

　また、**電話応対はお客様とマンツーマンの営業時間**だと思って応対をしています。従って電話応対受付係の人が１千万円の

契約をとるキッカケとなることもあり得るのです。

　電話にでたら「はい、ウイズ リミテッドでございます」と会社名を名乗ります。**この行動は自分＝会社の象徴です**。自分＝会社と思えば、自分のことを他人から高く評価してもらいたいと思うでしょう。それがイコール会社の評価に繋がります。

★いつもお世話になっております？

　電話応対のマニュアルには「いつもお世話になっております」という決まり文句があります。このセリフ、双方が明らかに今までお付き合いをしていて、このセリフはOKと思えば問題はないですよね。でも、電話の相手に記憶がない場合はこのセリフを言うべきかどうか迷いながら、「一応決まり文句だし……」と、自信なさげな小さな声でこのセリフを言う人が多いようです。

　これでは「こんな言い方するのなら、いっそのこと言わない方がいいのにな」って思われる危険性大。逆にはじめて電話をかけた側も「え？　別にお世話なんかしてないし」と思う人もいらっしゃることでしょう。

　そこで、このような時、弊社では、

「はい、ウイズ リミテッドでございます」

「私、ワライ商事の山田と申します」

（え？　ワライ商事？？？の山田さん？？？？？？？　聞いたことないわねぇ ‥‥‥ どうしよう？　『お世話になっております』っていうべき？　いや、わかんないから、これでいこう！）

「はい！　お電話ありがとうございます」

自分の口から出す言葉は、その言葉に心をこめて責任をもって行動に移します。電話応対での責任は一つひとつのセリフに自信をもつことです。自信がないと声も自然に小さくなりますからね。

取引先への電話のかけ方

　他社に電話をかける時は、**メモ用紙に、「誰あて」に「どんな用件」で電話をかけるのか事前にメモして伝えたい項目**をまとめておきます。言い忘れや会社の途中で話が脱線してもすぐに修正軌道できるからです。

　このような事前準備の習慣は電話応対に限らず、その他のシゴトにおいても、あなたのシゴトを効率よく進めてくれることでしょう。

　相手が電話にでたら、「わたくし、ウイズ リミテッドの西出と申します」と、**最初に必ず会社名と自分の名前を名乗ります**。そして、「恐れ入りますが、常務の佐々木様をお願いできますか」と告げます。

　この時に、再度「もう一度、御社名とお名前を……」と言われることが多々あります。その時は「えー！　だってさっき『いつもお世話になります』って困惑しながらも言ったじゃん！

　私の会社名や名前をよくわからずにあのセリフを言ったの？

　いい加減な会社ね」と思いつつも、「ウ・イ・ズ・リ・ミ・

テ・ッ・ド・の・に・し・で・と申します」と今度は少しゆっくり言います。

★電話をかける時のNG

「ウイズ リミテッドと申します」とか「西出です」だけ名乗るのはNGです。会社名だけでは、ウイズの誰なのかわかりませんし、名前だけでは私用電話となり相手を不安にさせます。
　会社に電話をかけてもよい時間帯は、基本的にその会社の就業時間内。お昼休みの前後15分間を含めた11：45〜13：15も避けます。
　また、「あの会社は毎朝9：00〜9：30は部内会議をしているのよね」という情報がわかっていれば、緊急を要さない場合は、電話は10時頃かけるなどの配慮も、愛されOLの気配り術ですね。

電話の取次ぎで
社外にも社内にも愛される

　日常、私たちの電話応対はかかってきた電話を、取り次ぐことが多いです。名指し人に代わる時や、名指し人のスケジュールを確認する時など、電話の相手にお待ちいただく時は「恐れ入りますが、少々お待ちいただけますか」と言って必ず保留ボタンを押します。

　あなたが、他のスタッフに取り次いでもらう場合、少し待たせてしまって電話にでる時は、「お待たせ致しました。池田でございます」という感じで「お待たせ致しました」のひと言を忘れずに。

　保留にしたものの、名指し人が別の電話にでていてなかなか電話にでない場合などは、

　「大変申し訳ございません。伊藤の電話、少々お時間を要するようですので、終わり次第、こちらから折り返しの電話をさせていただきますがいかが致しましょうか」

　と、お待たせしていることに対するお詫びと、今後の対応の指示待ちをします。間違っても「折り返し電話をします」と一

方的な言い方は避けます。
　また、名指し人が不在時の電話取り次ぎは、ミスやトラブル、イメージダウンのもとになるので心して対応しましょう。

★気を利かせたつもりが失礼に！

　電話の取次ぎで"たいへん失礼でした！"ハンコを押されたOLの方々から、よく次のような相談を受けます。
　「どのようなご用件でしょうか」とか「どういう用件ですか」と名指し人の代わりに対応しようと気を利かせたところ、相手から、「失礼！」と思われてしまうようです。「私のどこがいけなかったのでしょうか」と相談されることが多々あります。
　この場合は「**お差し使えなければ、ご用件を承りますが**」とか、「**私でよろしければ、お話を伺いますが**」という"**モノの言い方**"が**ポイント**になります。
　ちょっと例を見てみましょう。

【名指し人が外出中】
　「申し訳ございません。ただ今、〇〇は外出致しておりまして、17時頃、戻ってまいる予定でございます。戻り次第、△

△様に折り返しの電話をさせていただきますが、いかがいたしましょうか」

【名指し人が遅刻】
「申し訳ございません。本日〇〇は一件立ち寄りがございまして11時頃の出社予定でございます。出社いたしましたら〇〇様に電話を差し上げるようにいたしますが、ご都合はいかがでしょうか」

【名指し人の携帯電話番号をきかれたら】
　会社で支給している携帯電話で、本人の名刺に携帯電話番号を書いているのであれば教えてもOK。もしも、個人の携帯電話の番号を訊かれた時は「大変申し訳ございませんが、〇〇と連絡をとりましてこちらより必ずご連絡を申し上げます」と対応し勝手に個人の携帯電話番号を教えないこと。

美しい名刺の扱い方

　社会人は、あなたの分身として名刺を携帯します。私も、22歳の時に初めて名刺を支給された時は感激しました。海外ではこの名刺は"ビジネスカード"と呼ばれさほど重きをおきません。しかし、日本ではこの名刺を大変貴重なものとして取り扱います。

　私が社会人一年生の頃、先輩方の名刺交換の仕方をみて、あまりの美しさに「かっこいいなぁ」と心を奮わせました。

　名刺を受け取る時だけの時は、お辞儀をしながら両手で胸の位置で有り難くいただく。相手に敬意を表するしぐさは、美しいだけではなく、人からかっこいいと思われると実感した瞬間でした。

　また、**自分が名刺を渡す時は、「どうかこの名刺を受け取っていただければ幸いです」**という気持ちをこめて差し出します。だから自然とお辞儀をしながら渡しているんですね。

　さらに、ビジネスシーンは相手と同時に交換をするシーンがあります。私の先輩は、いつも相手より腰を低くお辞儀をしな

がら名刺を交換していました。相手がどんなに自分より年下であろうともです。

　ある日、私は先輩の"同時に名刺交換をする姿"を見て気が付いたのです。「いつも中村先輩は、相手の名刺よりも低い位置で自分の名刺を持っているなぁ……」

　ある日、一通のハガキが中村先輩あてに届きました。「あなたの名刺交換の仕方は極上でした」と。差出人は某一流企業の常務。その後、出産の為に退職した先輩でしたが、3年後、中村先輩はこの某一流企業の社長秘書として、子育てをしながらますます輝いて活躍していました。

　私も中村先輩のように、性別問わず幅広い年齢の方々から愛される人間になりたいな、と22歳の時に目標をたてたのです。

　名刺交換の仕方だけでも、人からマイナスにもプラスにも評価されるもの。無事に名刺交換を終えたとたんに、緊張の糸がプツリと切れてしまう人もいます。心地よい緊張感は、常に携帯しておきましょう。

ちょっとしたお出かけ時の注意点

　デスクワークが多い方も、時々予測もしないところで外出予定が入ったり、上司の代わりにお使いに行ったりすることがあるかもしれません。

　それは、お客様を訪問することもあるでしょうし、おにぎりを買ってきてと、頼まれることもあるかもしれませんね。

　「会社のとなりがコンビニエンスストアだから、このまま"つっかけ"でいいや」と思い、出かけたところ、ばったり取引先のあこがれのタツキさんと遭遇！

　「うわっ！　ハズカシイ！！」と思っても、あいさつをした時に間違いなく見られたあなたの足下。こんなことも、ありますよ。

　12時になると、ビルから一斉にビジネスパーソンがランチへ繰り出す光景は、一種独特な雰囲気を感じるのは、私だけでしょうか。

　最近は制服着用の会社も少なくなってきましたが、カーディ

ガンを羽織って靴はサンダル。手にはなぜかお財布とハンカチのみを持参。そして、少し肌寒い春先は背中を丸めながら4、5人で歩くOL。夏は「あっつーい顔」。

"みんなで歩けば怖くない！"かもしれませんが、あなたの表情や態度は第三者からみると"シゴトにやりがいをもち、シゴトを愉しんでいるかどうか"を判断されます。

これはイコール、社員を満足させている会社か否か、というように会社の評価に繋がるのです。

一人ひとりが会社の顔であるという自覚をもつことを、愛されOLは忘れません。

お客様への訪問マナー
～個人宅・個人事務所の場合

★訪問前チェック

　シゴトをしていると、突然襲いかかる想定外のシゴトを頼まれることも。仮に、内勤だから……と思っていたら、上司の代わりに個人のお客様の自宅まで伺うこともあります。こんな時も愛されOLは慌てることなく「かしこまりました」と、微笑みながらお使いの準備を始めます。

　訪問の心得としてロング、またミディアムの髪の毛はひとつにまとめ、清潔感をだします。その他の身だしなみも再チェック。

　特に個人のお宅や、個人事務所へ伺う時は、靴をぬいで上がる可能性が大。靴は磨き中敷きなどもキレイかどうか確認しましょう。また、ストッキングの汚れや伝線などにも要注意です。さらに、膝上のスカート丈は正座をしたり椅子に座った時にセクシー系になるので、愛されOLには膝下のスカートで。

★訪問先での振舞い

　コートはピンポンを押す前に脱いでおきます。そして再度身だしなみをチェックしインターホンを。あいさつをしてお宅へお邪魔することになった場合は玄関先で、
「はじめまして。ニコニコ会社の笑田の代理で書類を届けにまいりました。部下の微笑田と申します」
と言ってあいさつをし、あとはお客様の指示に従います。玄関へ通された時は「失礼いたします」と会釈を忘れずに。上がらせていただく場合、靴は入室する方向を向いて脱ぎ、そのまま上がらせていただき、背筋を伸ばし片膝をついて、靴を靴箱のある側にかかとを向けて靴箱のそばにおきます。
　和室の部屋にとおされる場合もあるかもしれません。まず、ふすまをあける時は、ひざをついてひき手に手をかけて、10センチくらい開きます。次に片手をふすまの縁にかけて30センチくらいまで開け、最後に両手で体が通るくらいまで開けます。そして立ち上って中へ入ります。
　注意点は敷居や畳のへり、座布団はふまないように注意します。最初は座布団の左側に座り、お客様から「どうぞ」と言わ

れたら「失礼致します」と言って座ります。座り方は座布団を両手のこぶしで押さえながらひざをのせます。正座中の両手は膝の上です。

　洋室では自分がドアをあける時は、3回～4回ノックを忘れずに。ドアを開けて入る時は「失礼いたします」のあいさつと会釈を。椅子は深く座らず、握りこぶし一つ分くらいは背もたれと背中の間隔をあけ、深くよりかからないようにします。ソファに案内された場合の足は左右のどちらかに少し流すと美しいです。

　お茶は「どうぞ」と言われたら遠慮なくいただきましょう。帰る際は「お忙しいところお時間をいただきまして、ありがとうございました」といって90度お辞儀をします。

　靴ははきやすいようにお客様が準備をしてくれていると思います。「靴、ありがとうございます」と御礼を言ってからはきましょう。最後、玄関ドアの前で「本日はありがとうございました」と再度90度のお辞儀をして、玄関ドアをあけて外に出て、再度「失礼いたします」と言って会釈をして静かにドアを閉めます（くわしい動作は、『お仕事のマナーとコツ』・学習研究社、21ページを参照）。

お客様への訪問マナー
 〜会社の場合

★アポイントの取り方

　お客様とのコミュニケーションも E-mail が主流になっていますが、やはりできることなら実際に会ってみて話を聞きたい！　と思うのが人の心理でしょう。

　まず、E-mail や電話での印象で相手から好印象をもってもらったあなたは、実際会った時には、それ以上の好印象をもっていただく必要があります。

　訪問の第一印象は、アポイントを決める時から始まっていることをお忘れないように。この時の優先は先方の都合です。まずは先方の都合を伺います。

　その日程が自分の都合に合わない場合は「申し訳ございません。この日は先約が入っておりますのでできましたら〇月〇日ではいかがでしょうか」とお詫びと代替案を。「いつでもいい

ですよ」と言われたら「それではお言葉に甘えて〇月〇日のご都合はいかがでしょうか」という伺い方をします。

★さあ、着きました

　目的地に着いたら、コートやマフラー、傘などは、建物の入り口前でたたみ、コートは片腕にかけるなどして持ちます。担当者が、時間前から玄関で待っているかもしれません。愛されOLはいつ誰に見られているかわからない場所でも、一寸たりとも緩まない、程よい緊張感をもっています。
　受付ではにこやかに自分の社名と名前を告げましょう。訪問者バッジをいただいたら、訪問者であり受付を通過したことを知らせる意味でも、目につきやすい箇所にバッジをつけます。
　ドアの前にきたらノックは３回。２回はトイレノックです。中から「どうぞ」と声がきこえたら「失礼を致します」と言って入室します。
　室内では「こちらにどうぞ」と席を勧められたら「ありがとうございます」と言って会釈をして、勧められた場所に着席します。もしも、自分より目上の方が担当者で上座を勧めて下さった時は「ありがとうございます」よりも**「恐れ入ります」**

と言います。この言葉と動作も愛されOLは欠かしません。

　コートやカバンは「こちらにどうぞ」と言われない限りは、コートは椅子の背もたれにかけ、カバンは右の足下におきます。

★最後まで気を抜かないように……

　帰る時は姿勢を正して座ったままで、一度「ありがとうございました」とあいさつを。そして、立ち上がってからもう一度姿勢を正して会釈をし、カバンなどをもち退室の準備。**人の前を通る時は、必ず会釈をしながら腰を低くして歩く**のも愛されOLのしぐさのひとつです。

　部屋をでたところやエレベータや玄関の前など、最後のあいさつは今まで以上に御礼の気持ちを込めたあいさつ言葉と、**深い90度のお辞儀で**。コートは建物をでてから着用します。

訪問・商談中の御法度！

　入社3年目。シゴトにも慣れてきた"チュウ子"さんは、人当たりもよく特に社外の人から人気者。そんなチュウ子さんも愉しくマイペースかつ自分流でシゴトを行う日々。

　ある日、上司と一緒にお客様の会社へあいさつに。上司と現地で待ち合わせをしたのだけれど、チュウ子さんは、身だしなみと化粧に時間がかかって10分遅刻。あわてて上司とお客様の会社へ。

　しかし、チュウ子さんの第一印象はなんといっても笑顔が魅力。少々遅刻してもそれをマイナスにさせない魅力に、みんな許してしまう。そんなチュウ子さん、お客様と名刺交換をした時、コミュニケーションをとるつもりでお客様に、「こちら、変わったお名前ですね」。

　お客様も上司も頬がピクリ（このような場合「めずらしいお名前ですね」と対応）。その後、席についてからも相変わらずニコニコと感じのよい表情をしているチュウ子さんだが、いただいた名刺を名刺入れの上におかず直接テーブルの上に！　さ

らには、ロゴ入りのブランドバッグもテーブルの上においた。

　これだけでありません。

　チュウ子さんはお茶をもってきてくれた人に対して、気を利かせてお茶を上司に廻そうとしたら、いただいた名刺がテーブルから床に！　でも、やっぱりチュウ子さんは笑顔でかわす。

　そして、ついには、どこからともなく（間違いなくチュウ子さんのバッグから）「チュウケンサンバ」なる音楽が流れてきた。

　「あっ！　ちょっと失礼します！　もしもし？」

　その後、先方の担当者から上司あてに嫌みを言われたのは、言うまでもありません。

　さすがに、上司はチュウ子さんに対して注意をした。

　「申し訳ございませんでした」

　チュウ子さんは素直に謝罪。その後、先方へはお詫びの手紙を出し、なんとかフォロー。上司も素直に自分の非を認めたチュウ子さんの姿勢は評価をした。

　チュウ子さんいわく、「私、自分でよかれとおもって行っていたことだらけでした。ビジネスマナーを知らなかったとはいえ、本当に恥ずかしい限りです。以後気を付けます」。

出張先でも愛されOL！

　出張の時は、準備が大切です。私の出張グッズを紹介しましょう。

1. 少し多めの現金をお財布に
2. 先方の連絡先
3. 打ち合わせなどシゴトに直結する資料一式
4. 新幹線などの交通チケット
5. 携帯電話の充電器
6. 筆記用具
7. 泊まりの場合は、翌日の下着や洋服・ボディタオル・スキンケア一式
8. その他、常にカバンに入れている歯ブラシ＆歯磨き粉・鏡・タイムキーパー・ストッキング・ハンカチ3枚・ティッシュペーパー

※最近はコンビニエンスストアのおかげで、忘れ物をしても大丈夫になりましたが、出張中は時間に追われて買う時間がない可能性もあります

上司と同行の時は、上司の交通チケットの手配も一緒に行います。この際、上司の好みの座席など必ず確認して。

　ホテルは定宿が予約でいっぱいだとか、特に定宿がない場合は、交通の便がよい場所のホテルを、会社の旅費規程内の料金で探し、事前に予約をしておきましょう。

★出張先で取引先との食事

　取引先と食事をする時は、基本的には割り勘であることを心得ます。ただし、先方が負担しますとおっしゃる場合は「それでは、有り難く今回はお言葉に甘えさせていただきます」と言って「ごちそうさまでした。おいしかったです」と御礼と感想を伝えます。

　また、ごちそうになったことは必ず上司に伝え、後日御礼のハガキなどをだしましょう。

　出張前に上司から「食事はこちらが負担するから領収証をもらっておいて」と言われている場合は、こちらで負担します。それでも相手が負担下さる時は「上司に叱られますので……」と言ってみます。それでも先方が負担を下さる時は「恐れ入ります」と恐縮している気持ちを伝えましょう。

★おみやげも忘れずに

　また、出張時は部署の人に留守中にシゴトのフォローをしていただいた御礼を兼ねて、出張先の銘菓などを差し入れするとGOOD！

　ある企業で研修を行った際に「シゴト中に同僚からどんなことをしてもらったらうれしいですか」とのアンケートをとった結果、第一位は「お菓子をもらった時」でした。これには私も微笑んでしまいましたが、相手が喜ぶことを行うのがマナーです。

　時には、お菓子をいただきながら休憩時間に談笑するのも社内のコミュニケーションには必要ですね。ちなみに私は、出張の先々で「地域限定キティちゃんグッズ」を集めるのが愉しみのひとつです。

木曜日の After 5
読書でひとりの時間を充実させる

「週も半ばを過ぎ、今日はクレーム処理やら外出やらで、人との対応が多すぎたわ」

そんな時は、ひとりの時間を大切に愉しむことも必要。

私は20代～30代半ばまで、このような日は、本屋さんに足を運び、その時の自分が欲する分野の本を購入していました。

職場の人間関係で悩んでいたらその本を。友人や彼との関係で悩んでいたらその本を。シゴトのスキルアップを目指したい時はその本を、などなど。

そして家に帰って、お風呂の中に入浴剤や金木犀のエッセンスを入れ、香りと色を楽しみながら湯船に使って、蛍光ペンを片手に半身浴をしながら本を読みます。

湯けむりでモヤーっとした浴室は、なんとマイナスイオンでいっぱい！　シャワー等の水しぶきからもマイナスイオンが発生するそう。だから私は浴室でリラックスすることが多いです。

ひとりぼっちが寂しく感じるあなたには、忙しくて最近話を

していないお友だちなどにお風呂につかりながら、電話やメールをしてみるのもおススメ(電話が水にぬれないように注意してね)。

　身体の疲れを癒しながら、自分のやりたいことができたら、それはあなたの自信にも繋がり、モチベーションもアップします。一度にいくつものことをこなす時間術を、日頃の生活に中に取り入れたら、それはシゴト中にもきっと役立つことでしょう。

金曜日

週末はシゴト関係のお付き合いも活発に

よいコミュニケーションの
ポイントは「愛される」こと

　今までシゴトをしてきて思うことは、「やはり人間は感情で物事を決めているんだな」ということ。例えば、同じ商品を同じ値段で販売しているA社とB社。どちらから買ってもいいんだけど、両社に問い合わせの電話をしてみたら……。

　A社の対応は声の表情から「忙しいのにこんな問い合わせしてこないでよ！」と迷惑そうな応対。B社は「お問い合わせありがとうございます！」と感謝と丁寧さが伝わってきた。

　「A社は感じ悪い！」という感情が芽生え＝「ひどい会社」という評価に。B社には「丁寧で感じがいいわ！」という感情になり、＝「よい会社」という評価に。そして、それぞれ口コミの対象になります。

　相手から"好かれること""愛されること"が、相手も自分もハッピーになるコツです。

　例えば、以前こういうことがありました。同じセリフを"スキ先輩"と"キライ先輩"に言ったとします。すると、私のことを嫌いなキライ先輩は、私をムシしたり、キツーいひと言が

返ってきたりします。でも、私のことを好きでいてくれるスキ先輩は「ありがとう」って言ってくれる。

　同じことをしたり、言ったりしても、ある人はそれを認めてくれずマイナスな感情を伝え、ある人は認めてくれてプラスの感情を与えてくれる。「私はこれからどうすればいいんだろう？」と悩む日々でした。

　愛された人は得をします。でも"**得**"をするには、その人に"**徳**"が備わっていることが前提。好かれたり愛されたりするには、相手の立場にたつというマナーの本質を理解し、マナーの5原則などの基礎基本を身に付けていくことに尽きるな、と感じる今日この頃です。

　「可愛い子には旅をさせろ」的考えですが、上司や先輩は心のどこかで部下や後輩から歩みよってくれることを期待しています。その一歩を待っているものです。だからあえて手取り足取り面倒を見ず、自分自身で模索し、わからないことがあったら頼ってほしいと思っています。

　愛されOLは自ら考え行動し、わからないことは一度考えた上で、上手に質問をする術を身に付けているのです。

Lovely O.L. 上司・先輩に愛される人の言葉

★職場で愛される言葉と態度

　職場で愛されている女性を分析してみると、上司や先輩から名前を呼ばれたら「はい！」と明るい声で返事をします。また、相手が座ってシゴトをしているところに立ちよってきた時は、必ずすぐに席から立って話をします。

　シゴトが終わり、帰る前には必ず「ノコリ部長、何かお手伝いすることはございますか？」と、上司や先輩に対して自分ができることはないかどうか伺いをたてます。また、決して「ご苦労様」という言葉は使いません。この言葉は目上の人が目下の人に使う言葉です。

★カチンとさせる言葉

　人をカチンとさせ、キライになる理由の多くは相手から発する「言葉」に起因することって多いと思います。「あの人からこんなこと言われた！（ムッ！）」という感じ。
　だから"モノの言い方"ってとても大切。上司や先輩に向かって「おわかりになります？」などを使うと、バカにされている印象をあたえるのでNG。
　また、「キライ先輩のお考えはちょっと違うと思いますよ」など、どんなに「お考え」と敬語を使っていても、これは相手を敬うハートがこもっていないカタチだけの言葉。カタチだけの言葉は相手の心に響かず、逆に嫌われてしまうので要注意です。"言葉は心にのせて行動にうつす"のです。

★上司へのOK言葉・NG言葉

【自分の意見をいう時】
NG：「キライ課長、私はそうは思いません！　こうだと思います！」

OK:「キライ課長のおっしゃることはごもっともだと思います。しかし、今回は特別にこのような予定でも宜しいかと思いますが、いかがでしょうか」
※必ず相手をたてましょう。

【依頼する時】
NG:「ノロマ部長、領収証は日付順に出して下さい！」
OK:「ノロマ部長、恐れ入りますが、次回より領収証は日付順に提出いただけると有り難いのですが宜しいですか」
　※こうしてくれると自分は"うれしい"という伝え方をして、最後は伺いをたてます。人によっては鈍感な人もいますから、こちらの気持ちをオープンに正直に伝えたら相手も理解してくれます。

　このほか、「ありがとうございます」がNGの場合もあります。上司から「今回の企画書、よくできているなぁ」と言われた時、「ありがとうございます！」よりも、愛されOLは**「恐れ入ります」**と謙虚な姿勢を伝える言葉で返します。

苦手な上司・先輩、どうやって付き合う？

　職場は年齢や性別、育ってきた環境や考え方などが異なる人々の集合体。だからこそ、時には理解できないことを言われたり、コミュニケーションのとり方がわからず遠慮したり……。すると、ますます相手のことがわからなくなって、肝心なシゴトにも支障がでる可能性がありますね。

　私は様々な悩み相談をうけますが、なかでも「苦手な上司とどのように接すればいいのですか」という質問が最近目立ちます。

　私は27歳の時にマナー講師になろうと思い、会社を辞めて独立をしました。しかしすぐにはシゴトがないので、29歳まで派遣社員として勤務。週末にマナーを細々と伝える活動をしていました。

　この頃に私はカラーの勉強をしたのです。私はマンツーマンでカラーの先生につき、初めは色を自分でつくることから始めました。

　この時先生から、「好きな色と嫌いな色はどれ？」と言われ

たので、それぞれを伝えました。

「ひろこさん、あなたはシゴトをしていますよね。ましてやこれからマナー講師になろうとしている。嫌いな色があるうちはシゴトはできないし、マナー講師としての成功もあり得ないわ」

「え？」

正直、とてもショックでした。しかし、すぐに先生のおっしゃったことを理解しました。

当時色をつくることから始めるカラーの講座を毎週１日、渡英するまでの３年間学び続けました。

その後、カラーの奥深さに魅了され、またカラーの先生の人間性にも惹かれ、学んだことを生かすためマナー講師の他に、その人に合ったメイクや服装、髪型のアドバイスを行い、内面と外面を美しく、そしてシゴトで成功し、プライベートで幸せになるためのトータルビューティライフコンサルタントとしても活動を行っています。

好き嫌いがあると、本当はお客様に似合う色なのに、自分が嫌いな色だからといってその色を省くことってあり得ますよね。カラーの先生はプロとして、また人間としての本質までも私に教えてくれました。

オフィスでのシゴトも同じだと思います。人間ですから好き嫌いはあります。感情もあります。
　けれど、ちょっとだけ相手の立場にたってみましょう。もしもあなたが後輩から嫌われたとしたら……。きっと嫌だと思います。
　自分が嫌だと思うことは人にはしない。真に愛されるOLはシゴトの本質を心得て、オフィスの人間環境をクリーンにするために活躍しています。

部下・後輩ともよい関係を

★嫌だったことはしない

「上司や先輩から言われたことを行っていたけど、年齢を重ねるごとに、気が付いたら私が先輩になって、部下や後輩を指導する立場に……」

自分がこの立場にたった時こそ、マナーを思う存分発揮する絶好のチャンス！ それはとても簡単なことです。

あなたが上司や先輩に対して「ムッ」と思ったり「カチン」ときたりしたこと、また「もう少しわかりやすく説明してほしい」とか「そんな言い方しなくても……」と思ったことって一度はあるはず。このようなマイナス感情をもったことを、自分は部下や後輩にしないこと。たったこれだけで部下や後輩から慕われる先輩・上司になれます。

★後輩にもマナーある会話

　私は後輩のみんなに言葉では「ありがとう」と言いますが、E-mailなどの文章では必ず「ありがとうございます」と書くようにしています。どんなに年下でも同じ社会人同士として敬意を表する気持ちを、敬語で表現します。

　「これやっといて」などの命令口調も一切使いません。「これやってくれる？」とかならず依頼形で会話をします。E-mailで依頼する時は「明日までにやって下さい」ではなくて「明日までにお願いします」といった感じ。

　また、必ず「忙しいところ申し訳ないんだけど、明日までにお願いできますか？」など相手をねぎらう**クッション言葉**を忘れません。さらに、急用をお願いした時は「本当に突然でごめんなさいね」と優しくお詫びの気持ちをこめてのフォローも忘れません。お客様に対するマナコミも、社内の人にいつも発信しているからこそ、自然な応対ができるのです。

　昨年行った研修で「上司や先輩から言われてカチンときた言葉ベスト３」はシゴトを頼む時に、１位「今ひまだよね？」２位「これできる？」３位「これならできるよね？」との言葉を

言われることでした。上から見下すようなモノの言い方は NG ですね。

★叱る時

　どんなに明るい職場にしようと思っても、時には部下や後輩を叱らねばならぬこともあります。叱る時は感情に任せて怒るのではなく、そのミスに対して今後どうするか？　という前向きな内容を伝えていきましょう。例えば次のように言い換えてみましょう。
　NG：「なんでこんなバカなことをしたの？！」
　OK：「お客様は何とおっしゃっているの？」
　　　「これはいつまでなら先方はお待ち下さるかしら？」

　そして、部下や後輩の教育は子育てと似ています。**「叱る・褒める・励ます」**。私の場合は平均してこの３つのバランスを「２：３：５」の割合で行っています。注意し、叱るべきことをしっかり伝える。社会人として 100 点以上の仕事をした時は、しっかり褒める。そして何よりも、その人の未来のためにしっかり励まします！

会社を休む時のマナー

★つらい時は誰にでもあることです

　私は若い頃、生理痛がとてもひどく、鎮痛剤を飲んでも効かず、シゴト時に大変つらかった記憶があります。ですから私は、早く独立をして、体調が優れない時は思い切って休めるような生活を送りたいと思っていました。

　生理痛以外でも、風邪をひいて熱をだしてしまった時、「どうしても今日は大切なシゴトがあるし、あのシゴトは他の人にはわからないし……私が会社に行かなくっちゃいけないのよ……」とフラフラになりながらも会社へ行った経験、きっとあなたもあると思います。

　そこで、弊社では**「体調が悪い時は無理をしてまでも出社をしないこと」**というルールを決めています。頭痛や咳、気分が悪いとシゴトの効率もあがりませんし、かえって周囲に迷惑をかけることがあります。

このルールを決めたことによって、同じ部署の人が、今どのようなシゴトをして、どのようなお客様とお付き合いをさせていただいているか、などを把握し合っています。そのため、社内のコミュニケーションも円滑です。
　すると、自分にしかわからないシゴトはなくなり、いざという時にお互いが助け合って最終的にお客様に迷惑をかけないハッピーサークルが描けます。だから、早退をする時も、遅刻をする時も、お客様に迷惑をかけることがない環境になるのです。

★休む時の連絡法

　体調の都合などで突然休みをとる場合は、上司にきちんと電話をかけます。最近では、携帯メールからひと言、上司あてにE-mailをするという話もよく耳にします。しかし、E-mailは一方的な発信で、相手に内容が伝わるのが、いつになるかわからないリスクがあります。もし、伝わっていなかった場合、いつまでたっても出社してこないあなたをみんなが心配します。
　電話をかけた時に、もしも上司が不在であれば、同じ部署の人に伝言をしましょう。

また、あまりの高熱で電話もかけられない状態の場合もあるかもしれません。でもここは、愛されOLのプロ根性を出して、なるべく電話をかけるようにします。

　それでも、どうしてもそれがムズカシイ場合は、上司をはじめ、その他数名の同僚あてにE-mailを送信し、「後ほど話ができる状態になりましたら、電話をいたします」と電話をする意思があることを伝えます。何らかの形で対応をしないと〝無断欠勤〟となるので要注意。早退や遅刻の時も、同様にキチンと上司や同じ部署に人に直接連絡をします。

　休んだあとは、「昨日はお休みをいただきありがとうございました。おかげさまですっかりよくなりました」と伝えましょう。早退や遅刻の時も、その後のお詫びと御礼をこめたあいさつを忘れずに。

職場の飲み会

★苦手な人も3回に1回は参加を

　OL時代の私は、シゴト中はもちろん職場に人たちとのコミュニケーションを大切に明るく生活をするように心がけていましたが、夜の飲み会にはほとんど参加しなかったように思います。というのも、夜遅くまで上司のお供で接待や会合に参加していたので、職場のみんなと飲み会に行く機会があまりなかったのです。

　そうすると、職場のみんなとお茶タイムに談笑していても、みんなの話題についていけなく少しさびしい気分を味わうこともしばしば。

　もともと私自身積極的に飲み会に参加するタイプではないのですが、とはいえ、職場の人から飲み会に誘われたら、飲み会が苦手な人でも、3回のうち1回は参加することをおススメします。

★飲み会＝シンポジア

　飲み会のイメージと言うと、なんとなくみんなでワイワイとビールの一気のみをして大騒ぎする光景を想像してしまいますが、本来の飲み会の意味はそうではありません。

　"Symposia"（シンポジア）という言葉を聞いたことがありますか？

　これは"シンポジウム"という単語の複数形で「人と人とが会って話し合う」という意味なんです。またSymposiaのSymは、ギリシャ語で、「一緒に」「共に」という意味。そして、Symposiaのposiaは、古代ギリシャ語で「飲み会」の意。

　この語源を考えた時に、古代より「飲み会」は「ミーティング・話し合いの場」として行われていたようです。従って本来の飲み会は、今後の会社の発展、成長のための前向きな意見を交換し合う場所なのです。飲み会が日頃の愚痴のオンパレードではなく、本音を語れる前向きなスマートな空間であることを願います。

「シンポジア」のワザで職場の飲み会が変わる!

　飲み会は、日頃シゴトでコミュニケーションのない人ともマナコミできるよい機会です。
　「今月の"シンポジア"の"リードマン"は飲み子さんに決定しました!」
　弊社では飲み会のことを常に「シンポジア」と言っていて、幹事の人のことを「リードマン」と呼んでいます。イギリスの結婚式では仲人なる人のことをベストマンと言います。"マン"というと男性をイメージするかもしれませんが、英語のmanには男性の他に幅広く「人」全体を意味する時にも使われます。従って、私たちの会社では、幹事というよりもリードマンと呼ぶことによって、社内にスマートな印象が漂うようにしています。

★リードマンのワザ

　さて、リードマンになったら、上司の都合を優先させて、日

程の確定からスタートします。そして、関係者に次のような内容の E-mail で連絡をします。

「上半期のお疲れさま会を予定しております。みなさん、ご多忙のところ大変恐れ入りますが、7月1日から7月15日までの間でご都合の宜しい日を E-mail で返信いただけますよう、よろしくお願い申し上げます」

この結果をみて、上司も参加でき、一番多くの人が参加できるベストな日程をくみます。日程が決定したら即、関係者に連絡をします。

時間帯は会社からお店までの所要時間を考慮し、無理してシゴトを切り上げないでもよい時間帯(例えば 19:00 頃からのスタート)を設定し、終了時間は遠方の人のことも考えて、21:00 か 21:30 にはお店をでるようにします。

お店選びもリードマンの腕の見せ所です。会社からの交通の便、駅から近いか、大人数でもコミュニケーションのとりやすいテーブル配置になっているか、食事はおいしいか、みんなが気持ちよく歓談できるようにお店のスタッフのマナーの質は高いか、予算に合う料金か……などなどの観点からお店を選び、必ず予約をします。

職場のみんなには、お店の名前、住所、電話番号、地図、時

間帯、予約者名を連絡します。
　当日のリードマンは、出入り口に一番近い末席に座り、リードマンとしての気配りを行います。会計は、会費を決めておき事前徴収をしておき、リードマンが代表として清算をします。また、部等の予算から会計をする場合は、会社に対して御礼の気持ちを伝える意味で代表の部長に「ごちそうさまでした！」と伝えましょう。
　また、当日はどんなに「無礼講で！」と言われてもハメを外しすぎないように。アルコールの席と言えども、一気のみや悪酔いは本来の飲み会の意から外れたマナー違反です。

接待に下心は禁物です

　社会にでてから約 20 年間の経験の中で、私がシゴトにおいてもっとも大切にしてきたこと。それは、相手に喜んでいただくこと。「相手に微笑んでもらうために自分は何をすべきだろうか」という気持ちを第一に考えて、コミュニケーションをとってきました。

　本来私は、接待をするのもされるのも好きではありません。お日様がニコニコと私たちを見守ってくれている時間帯に、シゴトを評価してもらいたいし、こちらも相手とコミュニケーションをとりたいと思います。

　しかし、先方が忙しくどうしても時間がとれない時や、人によってはお酒の飲み方、食事の仕方などをみて相手を評価する人もいますから、そういう意味でもシゴトに接待は必要なシーンなのかもしれません。

　接待をする時は、相手がそれを本当に望んでいるのか、それまでの付き合いのなかで相手の言葉の端々から察していきましょう。

接待を行う時は「接待を行うんだから、あのシゴトはうちの会社と契約してもらわなくっちゃ！」等の下心は禁物です。このような気持ちが微塵でもあれば、その後の関係は築いていけないでしょう。

　接待の本来の目的は「担当者である私を含め、弊社のことをご理解いただき、ご担当者である〇〇さんのこと、御社のことを大切に思っておりますので、今後も御社と気持ちよくお付き合いをさせていただきたいと願います」という気持ちから、相手に対しておもてなしを行うことです。

接待する時の魅せワザ

おもてなしにはマナーが必須。相手を心地よくさせてこそ、その接待は成功となります。接待中、先方がビールを飲みながら愉しそうに話をしていれば、こちらも**笑顔で聞き役に徹し、あいづちやうなずきをします**。意見を求められれば、正直な意見を伝えます。

★接待マナー

グラス半分くらい飲まれたら、**ビールのラベルを上にしてラベルが見えるように両手で継ぎ足します**。
　ある時、医薬系の分野で有名なジャーナリストの方に接待をしていた時、私はうっかりビール瓶のラベルの上に手をおいてビールをつごうとしました。すると、そのジャーナリストの方から「ビールはこうやってつぐんだよ」と教えていただいたのです。
　「このビール会社の人たちのことを考えてみなさい。自社の

商品の名札を隠されたらどう思う？　また、つがれる人に対しても『このビールをお継ぎしています』と伝える意味もあるでしょ」。（あっ！　またやっちゃった！）「ごもっともです。大変失礼致しました」。

　それから私は、何とか今の失態をリカバーしようと、食事はそっちのけで空腹のまま、先方から勧められる日本酒をいただくことに。じつは私、不調法なのです。アルコールは一口飲んだだけで顔は真っ赤！　だけど、この時ばかりはそうも言っておられず無理をしていただいたら、さすがにお店をでる時に気分が悪くなりました。しかし、先方に迷惑をかけられないので、笑顔で「失礼いたします」とあいさつをして別れたとたん、道ばたに座り込んでしまう始末（恥ずかしかったなー）。

　友人の酒子さんも同じような経験が……。彼女は接待中に先方のことを考えて「そろそろ時間かしら？」と思い、腕時計をみたところ、

　「今のは、早く帰りたいってこと？」と。

　「いえ！　そうではなくて、取引様のご都合もおありかと思い、時間を確認したまでです」

　「そうかなぁ？？？？？」

　と、延々とこのことについて話が続いたそうです。そして、

結局酒子さんは「失礼な人」という評価をされてしまい、その後の商談も上手くいかなかったとのこと。ミスをしたらそれをリカバリーするのは大変なエネルギーを使います。未然に防げることは、知識として身に付けておくことの大切さを体験したとのことでした。

★愛されOL流接待術

　お会計はこれ以上、追加注文をしない、会の終わりに近づいた時にそっと席をたち、化粧室に行くふりなどをしてその時に支払いを済ませます。みんなでお店を出る時に、接待相手の前で支払いを行うのはスマートな行動とは言えません。
　カラオケが入る時などは、接待相手に歌っていただくようにします。人が歌っている時は画面を見ながら手拍子などをし、歌っている人を盛り上げましょう。歌を勧められたら、苦手でも応えて、デュエットなどできる歌を選択し、接待先の人と一緒に歌っていただくのも愛されOLのワザ。

あなたが接待される時のマナー

★接待されるという意味

　20代の時の私は、仕事柄、上司にお供し、接待を受ける機会が毎晩のように続く時代がありました。その時に学んだことは、接待をされるからといって上の立場からモノを言ったり、そのような態度で接したりしない、謙虚な姿勢を持ち続けることということでした。

　また、接待されるのは、ただ単にごちそうをしていただくものではなく、今回の接待の真意を察し、相手とコミュニケーションをとることが大切です。これを考えずに「やったぁ！今日はタダで美味しいものを食べれる！」などの考えで接待を受けるのは厳禁です。

　あなたのその気持ちは必ず見破られ、結果的に会社に迷惑をかけることがあります。**わざわざ時間とお金をかけて接待をしている相手の立場にたつハートをもちましょう。**

さて、接待を受けてもいいかどうかは必ず上司へ相談します。自分勝手に OK しないこと。接待をされるというのは、相手に借りをつくることです。のちのちの関係で自社に不利を及ぼすこともあります。ここは慎重になりましょう。

　また、決して一人で出向かないこと。必ず、先輩や上司、また場合によっては、後輩や部下などと一緒に参加します。

　接待を受けている時間もシゴト中だという意識を忘れずに。また、そろそろお開きに、というのは、接待をする側からは言いにくいものです。開始から 2 時間〜 3 時間をめどに「それでは、そろそろ明日もあることですし……」と切り出すのは、接待される方から伝えても失礼ではありません。

　相手が支払いをしている時は、だまって先にお店から出て待ちます。そして「お支払いは……」と伺います。「いえ、本日は私共がお誘いしましたので」と言われたら、「恐れ入ります。それでは、今回はお言葉に甘えて、ごちそうになります」と御礼を伝え、翌日、E-mail か手紙やハガキなどで再度御礼を伝えます。

　場合によっては「もう一軒いかがですか」という話になり二軒目のお店に行ったら、「ここは私共で」と言います。借りをお返しするという意味でもスマートなやり方です。

★異性の担当者と2人きりでの食事に誘われたら？

　基本的には上司に相談します。ただし、お互い大人ですから会社の一員としての自覚を忘れずに、責任のある行動をとれば問題はありません。
　しかし、女性を遅い時間までいつまでも付き合わせるのは紳士の行う行動ではありません。食事をして、9時くらいに終わらせるのがジェントルマン。また、既婚の女性を夜の食事に誘うのは基本的にマナー違反。シゴトを通しての出会いですから、用事があれば、ランチをする程度がGOOD。そのような提案をしてくる男性の方が信頼できます。

シゴト関係者との恋愛

★社内恋愛・社外恋愛のマナー

　私の友人には、社内恋愛や社外恋愛をしたのちに結婚をした人が多くいます。彼女達の話をきくと、結婚前の付き合いはかなり慎重だったとのこと。正式に結婚が決まるまでは内密にしていたそうです。なかでも幸子さんは、デートの時は誰に見られるかわからないからと変装までしていたそうです。

　人を好きになる感情は、自分の内からわき起こる感情ですから、その気持ちに素直になることは大切なこと。しかし、シゴトを通しての出会いですから、自分の気持ちよりも相手を尊重したお付き合いをすることが結果的に幸せになる秘訣だと思います。

　ビジネスマナー上、社内恋愛や社外恋愛では、シゴト中に会社の電話や E-mail を使用して個人的な連絡はしないこと。また前述のとおり、自分の感情よりも相手の立場を考えて行動す

ることが大切です。

　企業の経営者や人事部の方々に伺ったところ、今後のお互いのキャリアを考えた時に、できちゃった結婚もこの場合は好ましくないという意見もあるようです。

★別れてしまった時

　また、お付き合いをしても残念ながら別れる時があります。一度好きになってお付き合いをした方です。別れる時も相手のことを考えてキレイな別れ方をしましょう。
　場合によっては、結果的にどちらかが会社を辞めなければいけない事態や、一人の人との付き合いが原因でノイローゼになって入院する人もいます。
　もちろん、つらい経験を経て最終的に幸せになる人もいますけど、できればみなさんにはウレシ涙だけ流してほしいな、と老婆心ながら願っています。
　ちなみに私は四捨五入すれば40になる30代後半で結婚しました。20代の頃、振り返れば、好きな人がいて、片想いをしている時が一番シゴトがノリノリ！　好きな人がいるだけでも生活に張りがでました。付き合うとなると「電話がない」と

か「E-mail がこない」とかシゴト以外の悩みでシゴトに支障を
きたすことも。
　あなたがハッピーでいられる相手と、必ず出逢う時はきます。
人それぞれ、適齢期は異なるのですから、みんなに彼がいよう
と友人、同僚が結婚しようと、決してあせることなく、あなた
は、あなたが幸せになる人生地図を描いてほしいと思います。

季節の行事のちょっとした テクニック

★お中元・お歳暮

　日本にはお中元やお歳暮といった、日頃お世話になっている方々に対しての季節のあいさつがあります。しかし、これらも最近は会社としてのあいさつは省略の方向にあります。お中元やお歳暮は日本の慣習ではありますが、金銭が伴うことです。相手にお返しなどの気遣いをして手間をかけさせることもあるので、慣習だからといって、形式的な贈り物よりも、むしろ日頃の御礼は日頃のお付き合いの中で相手に伝わるように接することの方が大切なことのように思います。
　ただし、もしも、お中元やお歳暮を贈る場合は、**必ず一筆自筆であいさつ状を書き、それを同包して贈ります**。この一筆があると形式的なのか、気持ちがこもっているのかがわかります。

★年賀状

　年賀状はできるだけだしましょう。日頃、疎遠になっている人に対しても近況を伺うよい機会です。この時、取引先などシゴトに関係する人には、会社の年賀状を使用します。会社の年賀状を使用できない場合は、なるべくシンプルな年賀状を使用しましょう。

★バレンタイン

　バレンタインデーの時も部署の人、日頃お世話になっている取引先の人に心ばかりのプレゼントをすることはよいですが、**あなた一人から個人的にではなく、部署の女性スタッフ全員からというスタンスを忘れずに**。ただし、このバレンタインデーも男性社員の中でいくつもらった、もらわないでその日一日はシゴトどころではないという声も。

　日頃の感謝の気持ちを伝えるのは、部署内でそれぞれのスタッフのお誕生日に、その他の人全員から贈り物をする方が形式にとらわれない本当の意味での感謝の気持ちを伝えられ、かつ職場のコミュニケーションも円滑に。

金曜日の After 5
異業種交流会へ

　週末は職場の人とのシンポジアもあるかもしれないけど、時には職場以外の人が集う異業種交流会へ足をはこぶこともおススメ。視野が広くなり、いろんな環境で頑張っている人たちに会えるから、自分が社会的にみた時にどのような環境にいるのかを冷静に見られるキッカケにも。

　人は人から何かアドバイスをされても、結局自分自身で体感し、自分自身で感じることによって成長します。自分と異なる環境の人と接することによって、あなた自身が自立した判断のできる人に成長すると思います。

　異業種交流会は、いろんなスタイルの会があると思いますが、自分から渡り鳥のように、むやみやたらと名刺交換をするのはスマートではありません。ただし、異業種交流会の目的は多くの異業種の人と知りあうこと。だとしたら、みんながひととおり名刺交換ができるようなスタイルを取り入れるなどの、気配

りが行き届いた質の高い交流会を選んで参加することも大切です。

　また「軽食付き」とあっても、会の前にはあらかじめ、少し食べてから参加すること。「参加費を取り戻せるくらい食べなきゃ損！」などという考えのもと、食事ばかりをとっていて、肝心な人とのコミュニケーションをしないでおわってしまったというのは、エレガントさにも欠けてしまいます。

　あなたが、異業種の集まりの中でも、ひときわ美しくクイーンとして存在している姿を私は想像していますね。

　また、上司や先輩の代理で参加した時は、上司や先輩が喜ぶ情報をしっかりとGETすることがあなたの役割です。アフター5でも自分の立場を見失うことなく美しくスマートにリンとした振る舞いをしましょう。

土曜日
お休みの日だって、愛されOLの本領発揮！

友人とオシャレなレストランでランチ

「ふぅ……。一週間、お疲れさまでしたぁ」。土曜日の朝は、自分で自分を褒めるあいさつからスタートします。

今日は3ケ月ぶりに学生時代の友人、よっちゃんと今流行りのフレンチレストランでランチなのぉ。愉しみだわー。

職場には来ていけないへそだしルックも休みの日ならOKよね。ん？ でも今日はセレブも来店するというフランス料理のお店に行くんだからへそだしルックはやめておこうっと。大好きなアシメトリーのスカートに……。そうだ！ 休日なんだからアクセサリーは少しオシャレしてもいいわよね！ それとバッグも。シゴト用のバッグじゃなくて今日は少しキュート系のバッグで。

よっちゃんとはお店で直接待ち合わせ。

「あらぁーよっちゃん！！ おひさしぃー！」

なーんて、大声をだして店内で抱きついたらヒンシュクもの。ここは3ケ月ぶりの再会の喜び表現は少し抑えて、代わりに赤ワインで乾杯ってとこかしら。料理はせっかくだからおススメ

のランチコースを。

　学生時代、フランスへ留学していたよっちゃんはさすが、食べる時の姿勢もフォークとナイフの使い方もとっても美しい。またよっちゃんはお店の人がサーブをしてくれるたびに、その人をみて「ありがとう」って言っている。
「わぁ、よっちゃんってセレブの風格ぅ！」
　一緒にいる私までセレブ気分。お店の人から最後に
「特別にサービスです」
　と、コース以外のデザートを出してもらしゃったぁ！　これって絶対よっちゃん効果だわ！
　愛されるにはテーブルマナーも必要ね！　と実感した24歳の時の私でした。

週に一度の習いごと

　シゴトを始めたころは、月曜日から金曜日までのシゴトのことで目一杯。私の場合は、最初の就職先ではほとんど土日もシゴト。転職後、やっと土日に休めるように。そこで将来のために目指していたマナー講師の勉強などをスタート。土曜日はマナーの学校に通いテーブルマナーなどを学びました。

　その他、簿記の学校に通ったりと、26歳頃から30歳になるまでに秘書検定の講座に通ったり、カラーの勉強をしたり……と自分の好きな分野と接する時間を生活の中で増やすようになりました。習い事や学校にいくと、受講料などお金がかかりますが、好きなことを学べるので、それはとてもウキウキする時間です。そして何よりも愉しかったことは、**同じ夢をもって頑張っている人との出会いがあること。**

　社会にでたらシゴトが絡む人たちとしか出会いがないので、友達って出来にくいけど、学校やお稽古に通って学生時代とはまた違った友達とも出会えたことが、今の私にとって大きな財産となっています。

トキメキ・デート

「毎日家と会社の往復。だんだんみんな結婚していくし。私も時には男性と食事に行ったり映画を観たりもしたいわ」。そんな時、シゴトで知り合ったちょっとトキメク男性出現！

さて、どんなにトキメいていてもデートの時に、女性であるあなたは待ち合わせの時間より早く行って待つのはNG。日本だったら時間はぴったりに行くのがGOOD。

待ち合わせ場所で会った時は、もちろん「お待たせしちゃいましたか？　ごめんなさい！」との言葉と申し訳なさそうな表情を。

遅刻したわけじゃないから、相手が怒ることはありません。もしここで相手が怒ったらあなたと付き合う男性ではない、とワリ切って。ちなみに、イギリスで生活していた時に、イギリス人の友人アレックス君から教えてもらったこと。「デートの待ち合わせでは女性は15〜30分くらい遅れていくのが男性の心をつかむんだよ！　最初が肝心だからね」と。

デート中、あなたがどんなにムッとすることがあっても表情

は微笑み続けること。あなたが萎縮したり、下手にでたりする必要もありません。デートはお互い愉しい時間を過ごすことが前提。お互い、一緒にいる相手を愉しく安心する気分にさせる気持ちを持ち合わせていたいものです。

　もしも、相手が遅刻した時は、「大丈夫よ。気にしないで。私もよく遅刻しちゃうから」とか「レディを待たすなんて。今日はあなたのおごりね！」などと明るく交わしましょう。

Loveing You♡

ウイークエンドドライブ

「今度の土曜日、気分転換にドライブでもどう?」
「わぁうれししい! ドライブしたいわ!」
ということで、待ちに待った土曜日。

あなたはガム、飴、ハンカチ、テッシュペーパー、携帯用のウエットティッシュなどは必ずバッグに。ドライブ中、彼(運転してくれている人)に「ガムいる?」などの**運転者に対する心配りは、助手席に座る人のマナー。**

あなたが車の運転をする人だったら、運転者(彼)の気持ちがわかると思います。ですから、運転者が「あー助かるよー」と思うようなことをするのがマナー美人。

例えば、右ハンドルの車に乗っている時は、助手席のあなたは左側に座っています。曲がり角にきた時などは、運転者はしっかりと左右を確認していますが、あなたも「左OK」などと言って、あなたも運転者と一緒に運転をしている気持ちでサポートをしましょう。きっと彼は、共同作業をしてくれるあなたに好感をもつでしょう。

ただし、相手が「いいよ、気にしないで。オレがしっかり見てるから」と言えば「じゃぁ、よろしくね！」と明るく応対を。
　また、ドライブ中の食事を彼がごちそうしてくれたら、駐車代は「私が払うわ」と言って支払いましょう。彼はガソリン代もかかっています。でも彼が「いいよ、気にしないで」と言えば、「申しわけないわね。ありがとう」と御礼を伝えます。
　家や、駅まで送ってもらい家路につく時は「今日は愉しかったわ。ありがとう。気をつけて帰ってね」と相手の交通安全を気遣うひと言を忘れずに。
　その後の交際を望む場合は、「ドライブのお礼」と言って、交通安全のお守りなどさりげなくプレゼントして。「また、ドライブに連れていって下さいね」と素直な気持ちを伝えましょう。あなたの素直な気持ちは、きっと彼のハートにノックをするはずです。

土曜日　お休みの日だって、愛されOLの本領発揮！＊205

彼の家にあいさつに

　結婚を前提に、またお互いの意思で結婚を決めたあと、彼の家族にあいさつをすることに。彼の実家に行くのか、どこかで会食をするのか、いろんなシチュエーションがあると思いますが、愛されOLのあなただったら、何も心配することはありません。だって、毎日、シゴトを通してマナーを実践しているのですもの！　それをプライベートでも行えばよいのです。

　当日の服装は彼に相談して決めるのがベスト。彼の家族に会うので家族に好感をもってもらえる服装は彼が一番よく知っているはず。

　いざ、ごたいめーん！　緊張する！　ハズカシイ！　と思っても、**キチンと相手の目をみて、微笑み、あいさつ、お辞儀**。姿勢を正して気配り（例えば、最初はお茶を出していただいても、帰る時はお茶をさげる気配り）を忘れないこと。いつもあなたがシゴトで行っていることです。大丈夫！

　最初、彼の家族に微笑みがなかったとしても、ここがあなたの魅せどころ！　相手からどんな応対をされようとも、あなた

はいつもキープスマイル！　でいることを忘れずに。

　帰る時には彼のご家族が上機嫌で微笑んでいるかどうかは、あなたの応対がキメ手となります。また、平素は彼に精神的に支えてもらっていることなど、家族の前で彼を褒めることもお忘れなく。

結婚式・披露宴の招待状が届いたら

　20代になると、友人や会社の同僚たちの結婚式の案内状をいただくようになります。初めてそのハガキが届いた時、私はうれしくてうれしくてハガキに、「本当におめでとうございます。当日はひさしぶりにおじさま、おばさまにお目にかかれますことも愉しみにいたしております。福子さんには直接お祝いの連絡をいれますが、どうぞよろしくお伝え下されば幸いです」と書きました。その後、結婚式で友人福子さんのご両親から「私たち親へのメッセージをくれたのはひろこちゃんだけだったわ。ありがとう」と。

　私は娘が嫁ぐそのさびしさがあるなか、少しでもご両親に喜んでいただけたことに、心の奥底からわきでるうれしさを感じました。結婚式の招待状が、結婚する当事者の名前で届いたのか、それともその親の名前で届いたのかによって、返信の仕方は異なります。形式にとらわれる書き方ではなく、あなたが誰に対して"おめでとう"の気持ちを文字で伝えることができるのか、これが本物のマナーです。

結婚式・披露宴での魅せワザ

　結婚式や披露宴に招かれて出席する時、新郎新婦、また親族のみなさんに対する祝福のために伺うという本質を大切にする人はその人自身、大変幸せな人生を送ると思います。その心からの"おめでとうございます"の気持ちを相手に伝えるために、招かれた側はそのTPOに合った装いをするのです。ですから、喜ばしい時はその気持ちが表現される服装を……ということになるのですね。

★受付での魅せワザ

　受付での振る舞いも、その時、その時の形態によって異なりますが、通常は**受付にてご祝儀**を渡します。ご祝儀袋はふくさに包み、受付でふくさをといてから、「本日はおめでとうございます」と伝えて渡します。芳名帳への記入はその後です。
　大切なことは、おめでたい場所ですから、あなたの表情は微笑んでいるはず。またこの日の会話はプラスワードとポジティ

ブワードの連呼となるはず。間違っても人の服装や料理などの批評批判などはしないように。

★会場での魅せワザ

　私の友人達はうれしいことに、みんなとても幸せな結婚生活を送っています。その一人の結子さんは、同期の婚子さんの結婚披露宴に出席した時に、新郎側の出席者であった裕さんにひと目ボレされて以来、付き合い、結婚をしました。

　裕さんが結子さんにひと目ボレした理由は、シースルー等、派手な装いをしている人が多い中、結子さんは**クラシカルな清楚な装い**であったこと。

　そして、始終、にこやかな表情で写真などとっている姿。座っている時は背筋がのび、祝辞の時も述べている人を見ながらうなずいたり、微笑んだり……。そして、祝辞が終わると誰よりも早く、誰よりも最期まで拍手をし続けていた姿に「この女性だ！」とビビッときたとのこと。

　マナー的観点からいうと、裕さんの当日の行動は、新郎新婦に対する祝福に集中していなかったという意味でマナー違反ですが、まぁ、おめでたいこと続きということで、この場合はよ

しとしましょう。でも結子さんは完璧なマナーでしたね。

突然の訃報を受けたら

　私は身近な人の死に直面したのは29歳の時。残される遺族の気持ちを本当に理解したのもこの時でした。

　それ以後私は、シゴト関係者、友人などご家族から悲報の連絡を受けた時、その人と自分の関係にもよりますが、遺族の方々の気持ちを考えて、自分に出来る限りのお悔やみの気持ちを伝えるようにしています。

　シゴト関係で知り合った某ベンチャー企業の社長のお母様が他界なさったとの連絡が入った時がありました。葬儀はご実家の岩手で親族のみで行うとのこと。独立し、駆け出しのひよっこだった私のシゴトの悩みなどを、いつも快く聞いて下さっている社長でした。

　日頃、お世話になっている気持ちをどのように伝えるべきか……。私が行ったことは、すぐさま、その社長宛に自筆で手紙を書きました。

　内容は、お母様のご冥福を心よりお祈りしていることと、ご遺族の皆様のお気持ちを案ずる、私が伝えたい気持ちを私の言

葉でしたためました。涙しながら書きました。

　そして、香典を入れ「お手数をおかけして恐縮でございますが、お母様の好きなお花を供えていただければ幸いです」と追伸。手紙と香典は、即、宅急便で送りました。

　後日、その社長から、「今回のお気持ち、頭が下がる思いです。あなたが世の中に伝えようとしているマナーとは、まさにこのことなのですね」とご丁寧に自筆のお手紙と共に香典返しをお送りいただきました。

　もちろん、通常は、まず電報を送るのが常識とされています。それでいいと思います。しかし、相手との関係、本当にお悔やみの気持ちを伝えたい時、その伝え方は形式にとらわれることはないのでは、と思います。

お通夜・葬儀参列で

　私は22歳の時、ある国会議員の方のお父様のお通夜に「上司の代理で行ってくれ」と指示されて伺ったことがあります。指示された時は「はい、かしこまりました」と返事をしたものの、ひとりで通夜に参列したことはありません。

　「一体私は何をどうすればいいのだろう？」と不安になり、先輩に聞くのも恥ずかしく、書店で本を買う時間もなく、実家の母に電話をして、その振る舞い方を教えてもらい参列をしました（母が電話にでてくれてよかった）。

　ところが、いざ会場に行くと頭が真っ白になってしまい何がなんだかわからぬまま、周囲の人の行動を見よう見まねでおこなって、すぐにその場を失礼した記憶があります。

　今から考えると、本当に失礼をしたと心より反省をしているのですが、特に恥ずかしかったのはマニキュアでした。

　当時はコンビニエンスストアに携帯用の除光液シートなるものは存在せず、私はピンクのマニュキュアを塗ったまま会場に。

　本当に失礼きわまりない失態です。幸いにしてその日は黒い

スーツを着ていたので服装に問題はなかったのですが……。
　通夜は突然のこと。以来、私は除光液と黒い手袋と黒いバッグ、黒いスーツは職場のロッカーに入れておくようにしています。

日曜日

輝く明日の私のために充電

強運を招く掃除をしましょう

★お部屋の掃除で部屋も心もスッキリと！

　日曜日の朝、少しゆっくりメの起床。今日のアポイントはなし。ゆっくりひとりで過ごす日曜日。「お天気いいなぁ」こんな日は部屋のホコリがやけに目立つ。「え？　こんなにホコリってたまるの？」。掃除をしようと決めたわけではないんだけど、自然と身体が動いている。ついでに布団を干し、洗濯もしちゃおう！　結構、いらぬゴミもたまっているわー。どんどん整理して捨てちゃおう！　あっと言う間に部屋はスッキリ。あー気分いいわぁ！

　掃除をするとなんといっても、自分自身の気分もキレイ、スッキリになるので私は大好きです。だけど、日々のシゴトに追われてなかなか行き届かないのも現実。

　でも、私の場合、掃除をしている時にシゴトのアイデアがうかぶことが多いので**掃除は強運を招くと思っています。**

例えば、お風呂場のタイルをゴシゴシ磨いて湯垢が落ちていく光景を見ながら「あっ！　コレだ！」と、その光景から部下、後輩教育研修のオリジナル講義法が浮かぶことも。

　また、アイロンをかけながらシワがのびていく光景をみながら「面白いなぁ。どうしてこんなにキレイになるんだろう？」と思ったとたん、コミュニケーションの研修ネタが誕生したり……。そうなると私のモチベーションはどんどんアップします。

　そして**一輪でもいいからお花を飾ります**。花瓶がなければ、グラスでもいいです。透明な水をいれて、そこに緑色の茎が差しこまれると、私の身体に一本の凛とした筋が通る気がします。

　マナーある愛されOLは、優しさと美しさと揺るぎない信念、強さをもっています。ぜひ、あなたもお試しあれ。

★外の掃除でマナコミ

　私のご近所の方で、自分の家の前以外の道も、毎朝1時間くらい掃除をして下さる60代の奥様がいらっしゃいます。もちろん、寒い冬もです。そこには我が家の前の道も含まれています。

　その奥様は、常に腰が低く、「いつも恐れ入ります。ありが

とうございます」と御礼を言うと、「いいえ、いいんですよ」と上品な口調で微笑んで下さいます。「私も奥様のような、穏やかな美しさを醸し出す女性になりたいわ」と思い、ここ1年以上時間を作っては自分の家の前以外の道も掃除をするようにしています。

　ほうきで枯れ葉などを掃きながら思うことは、いつも自分がシゴトで行っているマナーの5原則の重要性。道を掃除していると、ワンちゃんのお散歩をしている多くの見知らぬ人から「おはようございます」とあいさつをしていただけます。自分から見知らぬ人にあいさつをすることは照れくさいけど、人からあいさつをされるとうれしいもの。寒さや暑さなんて一気に吹き飛んでしまいます。

　マナーの世界で使う「先手必勝」や「先手必笑」™は、相手を心地よくさせるマナーマジック。そのマジックは身近な生活の中に存在しています。あなたも朝、道を掃除してみてはいかがですか？　きっと新たな自分との出会いがあり、清々しい気分になりますよ。

日曜日　輝く明日の私のために充電＊ 221

お散歩で日々のストレス解消

　私は中学生の時、捨て犬だった"しじみちゃん"と運命の出会いをしました。部活を終えた後の夕方、しじみちゃんとの散歩の時間が大好きでした。しじみちゃんは13年目に乳がんになってこの世を去りました。それ以来、私は「一生ワンちゃんは飼えないな」と思ってしまい、散歩をすることすら出来なくなってしまいました。

　それから10年経って、イギリスに渡った私。そこでの生活は「歩く」ことが主でした。また、時間にゆとりがあったことと、夏は夜の10時まで明るい環境。川のほとりなどお散歩コースがたくさんあったため、私は自然と散歩をするようになっていました。すると、日本ではストレスだらけの私がまったくストレスを感じない体質になりました。

　帰国後、日本でも散歩をしようと思ったのですが、なぜかゆとりなく時間に追われる毎日。また私はストレスをため込む日々となりました。

　結婚後、主人の健康を考えるようになった私は、生活の中に

散歩を取り入れることに。これも無理はいけないので、最初は日曜日、比較的時間がある時から始めていきました。さらに、もう二度とワンちゃんとの生活はあり得ないと思っていた私ですが、主人の希望もあり、現在は黒ラブの"ファブロジ"と一緒に朝5時から1時間、夜1時間の散歩生活。本来ぐうたらな私ですが、**毎日朝夕2時間の散歩を始めてから、シゴト運も人間関係運も上昇気流に。**

　部屋で考えるよりも外に出て、歩き出すことが大切！　歩き出せば、きっとあなたの人生もプラスの方向に歩き出します。

図書館・美術館めぐりで感性を磨く

　彼がいない独身時代。友人はみんなデートで私だけひとりぼっち。「マナー講師として独立するんだ！」と夢は抱いていたけれど、やっぱりとても切ない気持ちになることも。「休みなんてなければいいのに！」。こんなことまで考えるほど、"さみしい病"にかかった重症な時代もありました。

　そんな時、「行くところもないし……でも、部屋からでたいし……」。ウジウジしている私は、これからデートにでかけるという友人のユカちゃんに SOS の電話を。

　「ひろこちゃん、世田谷あたりの図書館とか、美術館に行ってみたら？」

　「うーん……。行ったことないんだけど……わかった。行ってみる」

　さっそく、私はユカちゃんに教えてもらったおススメの図書館と美術館に行ってみました。

　そこには、日常の生活とは異空間の世界が広がっていました。静まり返った館内。いつも私が大切にしている笑顔も見られま

せん。初めはその空気にマッチしない自分を感じ、すぐに帰りたくなりました。でも普段の環境とは異なる静けさのなかに身をおき、そこを訪れている人々の目的を自分なりに考え始めた時、そこに存在する書籍や美術品と解け合える自分を感じることが出来たのです。

　この感覚は後に渡英し、イギリスをはじめヨーロッパの図書館や美術館、お城、教会などを訪れた時にも感じました。時にはその空間に足を踏み入れただけで、身体の内側から溢れ出る涙を流すこともあります。

　休みの日は思い切って、**日常生活で無縁な場所に訪れてみたら、あなた自身が知らなかったあなたに出会えることでしょう。**

　「己を知ること」あなたの魅力はあなた自身が発見し、それを表現すること。

　現在も時間をつくって図書館や美術館、お寺、神社、教会などを訪れています。

Lovely 65 公園でハッピーイメージを想い描く

　イギリスで生活していた時、日曜日は住んでいたオックスフォードからチューブ(バス)にのってロンドンへ。特に夏のロンドンのパークは鮮やかな緑の上に大勢の人たちがそれぞれの愉しみ方をしていました。

　芝生の上にねっころがって日光浴をしているカップル。友人達とフットボール(サッカー)をする若者。歩き始めたばかりの子どもと一緒に遊ぶ親子。姿勢のよいワンちゃんにそっくりな、姿勢のよい飼い主のかっこいい散歩。白髪の老夫婦がしっかり手をつないで歩く姿……。

　どれをみてもその光景は微笑ましく、私まで幸せいっぱいに心が満たされました。「いつか私も愛する人とあのような生活を送りたいなー」。

　その想いは今、叶っています。どんなにシゴトが忙しくても、出張時以外は、休日は必ずダーリンとファブロジと一緒にドックランと公園に行きます。ドックランでファブロジが喜ぶ姿をみると、ダーリンも私も幸せ。ダーリンが幸せだと私も幸せ。

公園ではおにぎりを。「小学校の時の遠足みたいだね」と夫婦そろって童心に戻れる時間。

　あなたがシングルでも、シングルの時の私のように公園に行って、笑顔の人たちと接しましょう。そして**心から彼らのハッピーを祝福して下さい。次はあなたが祝福される番だから。**

映画はあなたに必要な メッセージを運んでくれる

あなたは映画を観るの好きですか？　私は大好き！……と言うほどでもなく、嫌いでもありません。ただ、積極的に観に行くタイプではなく、誘われたら行くという程度です。

しかし、映画館で映画を観て毎回感じることは「来てよかったぁ！」と思うこと。観終わった時の私は、感動の嵐で渦巻きます。

同じ時間、同じ空間で、同じ映画を観た人と、それぞれが感じたことを言い合うこと。これってコミュニケーションをとるきっかけとして最高だと思います。映画は「朝まで討論」をしてもよいと思える人と、2人以上で観ることをおススメします。

特に自分がすすんで観たいと思う映画でなくても、**観れば必ずその時のあなたに必要なメッセージがあなたに伝わるはず**です。

ある日曜日、私は子どもマナー研修で、もっと子ども達にわかりやすくマナーを伝える方法はないかを模索していました。すると、主人が「会社の人がみんな観ているから、映画を観

に行こうよ」と誘ってきました。それは『千と千尋の神隠し』。
「えー子ども用の映画でしょ……」

　ところが、この映画の随所にいつも私が学校のマナー研修で子どもたちに伝えている内容が登場するのです！　子どもたちのほとんどはこの映画を観ていますから、その後の子どもマナー研修では『千と千尋の神隠し』の話をしながらすすめることができ、スムーズに子ども達に伝えることができたのでした。

お香をたきながら手紙を書く

　日曜日、部屋も片付けたし、お花も飾った。そんな日、私は無償に手紙を書きたくなります。

　便せんは、自分の名前がプリントされた縦書きと横書きを常備。でもどちらかというとビジネスシーンでは横書きが多いので、私は、自筆の手紙は縦書きで書くのが好きです。便せんは、素敵だなと思うものがあれば買いだめをしておき、いざという時にすぐに使えるように日頃から準備しましょう。

　手紙を差し上げる方を思いながら、**その方と季節にマッチした便せんを選びます**。必ず、筆もしくは筆ペンで書きます。墨の香りが部屋に漂うと気持ちも落ち着きます。そして、その方のお顔を思い浮かべながら、御礼や近況報告などをしたためます。

　さらに私は**お香をたきながら手紙を書きます**。手紙を書く時は、気持ちをその方に集中させて書くので、自分の気持ちが落ち着いていないと相手に伝わる手紙が書けないのです。これはシゴトの時もまったく同じですね。

手紙を書き終えて、シールや文香を選ぶ時も同様です。封筒に手紙を入れて封をした瞬間、気持ちがスーッと下に辿り、身体中に安堵のエネルギーが走ります。
　忙しい日常の中で、ふっと簡単に感じることのできるお香と書で、日本を味わいながらあなたの気持ちを文字に表現する時間も、オツなものですよ。

内面と外面の集中美容ケア

20代のころの私は、顔にはブツブツニキビがたくさんありました。それがとてもコンプレックスになっていて、美しい素肌にあこがれもあったし、キレイになりたいという気持ちからスキンケアには力を注いでいました。

だけど結局、ニキビや毛穴の黒ずみや開きを化粧でごまかそうとどんどん厚化粧に。でもいくら隠そうと思ってもキレイじゃないんです。そうしていると気持ちまで黒ずんでしまいました。

ですから、**内面と外面は連動している**と感じたのも20代前半でした。

それから「シワができてしまってからのお手入れではもう遅い！」と思い、20代からしっかりと予防ケアをするようにしました。

内面は日々のシゴトや人間関係、マナーの勉強で磨き、外面は、休日に化粧水をたっぷりつけて、一日中スッピンで過ごし、肌を休めるように心がけました。外出する時もお粉程度。

夜はゆっくりお風呂につかりながら、週に一度のパック。
　また、時には通帳とにらめっこしながら、月に１回でもよいからエステティックサロンで、スキンケア兼リラックスできる環境を。休日は日常の自分を労るためにちょっとだけ贅沢な時間を味わいたいもの。若い頃から一流に接することは、その後の人生を豊かにします。
　美は内面と外面から。私は女性である以上、一生"美"を追求したいと思います。

ゆっくり自分と向き合いましょう

　日曜日の夜は一週間のうちで一番長く鏡と向き合う時間。週末のこと、そして来週からのことを考えながらじっと自分の顔を見る。

　「幸せ？」「愉しい？」鏡の中の自分に聞いてみた。「幸せじゃない！　私はまだまだ幸せになれるはず。絶対に幸せになる！」。心でそうつぶやいていると頬に水滴がつたう。「いいよ、思いっきりなきなよ！」。その声に鏡に向かってワンワン泣いた。泣いているのに、ときおり鏡の自分の顔をみている。「ひどい顔だ」（自分の顔を見る余裕があるじゃん）。この涙はいったい何の涙なの？　上司に叱られたのが不本意だったから？　同僚に嫌みを言われてムシされ続けているから？　後輩から「先輩まだ働くんですか？」って言われたから？　１ケ月前に知り合ったイケオくんからもう２週間もメールの返事がないから？　日曜日の夜、ワンルームの部屋にひとりでいるから？

　でもさ、私、泣いてても鏡に映っている自分の顔を見る余裕があるんだよね。「ニコッて笑える？」って聞いたら、笑える

んだよね。「デキルじゃん！」あれ？　こんなところにホクロあったっけ？　これってシミ？　そばかす？　私の顔も賑わってるね。自分の泣き顔も笑顔も新しいシミ、そばかす、ホクロも見れるってこれって奇蹟だと思えば奇蹟になる。

　鏡に映る私に微笑みかけてみた。「また頑張れるよね」って歯を食いしばってみた。涙がでそうになったけど、やっぱり微笑んでみた。

　鏡の中の私がいつか心の奥底から微笑む日がくるその日まで、日曜日の夜は鏡と向き合うの。

新たな一週間にむけて

　日曜日夕方。『サザエさん』のオープニングソングがテレビから流れてくる。明日、月曜日かぁ……。
「会社に行っても好きな仕事させてもらってないし、どうせ雑用ばかりだし、何いっても私の意見なんて採用してもらえない。行きたくないなぁ、明日も休みたいよ……」
　こんな時、私は「ふぅ……」と、大きなため息をつき、その後、大きな深呼吸をします。そして、**マイソングを歌います。**
　あなたはご自分のテンションをあげるためのマイソングってありますか？　私はつらい時、苦しい時、その時の状況に合わせてマイソングがあります。
　だから日曜日の夜、ベッドに入ってから「早く明日がきますように……」と、気合いをいれるために聴く曲。渡辺美里さんの『My Revolution』。この曲を始めて聴いたのは、大学の春休みに実家に帰っていた時のこと。両親の離婚騒動の最中、就職をどうしようかと悩んでいた時でした。この曲を聴くとその後離ればなれになった実家の家族を想い、東京でひとり頑張って

きた自分の強さを感じ、自分自身が励まされ、ポパイのホウレンソウのようにパワーがでます。

　あなたのマイソングなんですか？　今日もあなたがマイソングを聴きながら成幸(せいこう)の夢をみますように。そして、明日からの1週間も、あなたにとって素敵な1週間でありますように……。私も今からマイソングを聴きながら、きっと心が満たされるであろう"明日"との出会いを待ち遠しく……。

　Guuu Guuu……。

おわりに

　この1週間の旅で、あなたが幸せになれる答えは見つかりましたか？
　本書にも書いたとおり、30代後半で「私の幸せ」と出逢った私が、今思うことは、
　"素直"であることの"有り難さ"
　"謙虚"であることの"愛おしさ"
　"ポジティブ"であることの"優雅さ"
　"上品"であることの"透明さ"　そして……
　"正当"であることの"強さ"
　です。
　これらが、シゴトでは上司や先輩、後輩が、プライベートでは、家族やご主人や恋人が、あなたを愛する理由で、あなたが愛される理由なのです。
　もう、私と一緒にいなくても大丈夫ですね。これからのあなたは、あなた自身で多くの感激や感動、そして幸せを感じる人生になるのですから。
　私ですか？　「今」を生きている一度しかないこの人生です。

もっと、私にできること、愛される私になるために、私のさらなる幸せに向かって、また旅にでようと思います。

　旅の途中であなたと出会ったら、あなたのテーマソングを聴かせて下さいね。一緒に歌いましょう！　その日を心待ちにしています。

WitH Love
Hiroko Nishide

PS. 私と一緒にシゴトをしてくれる英国本社と日本支社のスタッフのみなさん。そして私のマナー論に共感しマナー＆イメージコンサルタントとして活躍中の吉村まどかさん。いつもありがとう。Thank you for your wonderful work！

WitH Success & Happiness

JASRAC 出　0604278-601

西出博子（にしで・ひろこ）

20代・30代半ばまで、シゴトや人間関係などで悩み多き日々を過ごす。日本から押し出されるように旅にでた31歳。イギリスのオックスフォードで、新たな人生をスタート。オックスフォードでDr Waggottと起業し、英国本社のWitH Ltd.を設立。帰国後、日本のマナー研修に真風を吹き込む。日本においてマナーの本質を伝え、愉しいビジネスマナー研修や各種講演、セミナー講師として人気を博している。現在、イギリスでシゴトを通して出逢ったご主人と愛犬FABと幸せに生活中。著書に『完全ビジネスマナー』(河出書房新社)、『成功と幸せをつかむ英国式ありがとうの会話術』(日本実業出版社)、『お仕事のマナーとコツ』(学習研究社)など多数。

会社 WitH Ltd. URL　　　http://www.withltd.com
西出博子ファンサイト　　http://www.erh27.com

視覚障害その他の理由で活字のままではこの本を利用出来ない人のために、営利を目的とする場合を除き「録音図書」「点字図書」「拡大図書」等の製作をすることを認めます。その際は著作権者、または、出版社までご連絡ください。

愛されOLの1週間おシゴト術

2006年5月8日　初版発行

著　者　西出博子
発行者　仁部　亨
発行所　総合法令出版株式会社
〒107-0052　東京都港区赤坂1-9-15 日本自転車会館2号館7階
電話　03-3584-9821（代）
振替　00140-0-69059

印刷・製本　中央精版印刷株式会社

落丁・乱丁本はお取替えいたします。
©Nishide Hiroko 2006 Printed in Japan
ISBN 4-89346-959-2
総合法令出版ホームページ　http://www.horei.com